하늘 자전거

세광음악출판사

등장인물 소개

하니 :
장난꾸러기이지만 마음이 따뜻한 자니를 언제부터인가 좋아하게 된 하니! 하지만 성공적인 하늘 자전거 여행을 위해 마음을 숨기고 있었는데 단 둘이 탄 런던아이에서 자니가 먼저 마음을 고백할 줄이야….

가장 기억에 남는 나라 : 이탈리아
이유 : 하니를 예쁘다고 해 준 멋쟁이 오빠들이 있는 나라.

자니 :
하늘 자전거 여행을 통해 모차르트도 저리가라 할 정도의 천재적인 음악이론 실력을 갖게 된 자니. 하니를 처음 만난 순간부터 좋아했지만 쑥스러워 고백을 하지 못했다. 그러나 코코의 도움으로 용기를 내 고백하게 된다.

가장 기억에 남는 나라 : 프랑스
이유 : 어려움에 처한 하니를 도와주었던 나라.

코코 :
하니와 자니의 마음을 눈치챈 코코. 자니가 하니에게 멋진 프러포즈를 할 수 있도록 비법을 전수해 준다. 알고보니 코코는 강아지계의 연애박사였다.

가장 기억에 남는 나라 : 인도
이유 : 아름다운 요가 선생님이 있는 나라.

Contents Map

하늘 자전거.....

하니, 자니 와 함께
변화보다는 전통을 소중히 하는
신사의 나라, 축구의 본고장 영국으로
음악이론 여행을 떠나 봐요!

하늘 자전거..... Contents Map

내림나장조 음계

내림나장조 주요 3화음

기호	I	IV	V
이름	으뜸화음	버금딸림화음	딸림화음
코드 네임	B♭	E♭	F
계이름	도미솔	파라도	솔시레

• 빈칸을 알맞게 채워 보세요.

계이름		레		파		라	
우리나라 음이름	내림나		라			가	

• 화음 기호에 맞는 내림나장조 주요 3화음을 온음표로 그려 보세요.

V　　　　　IV　　　　　I

악곡의 구조와 형식

▶악곡의 구조

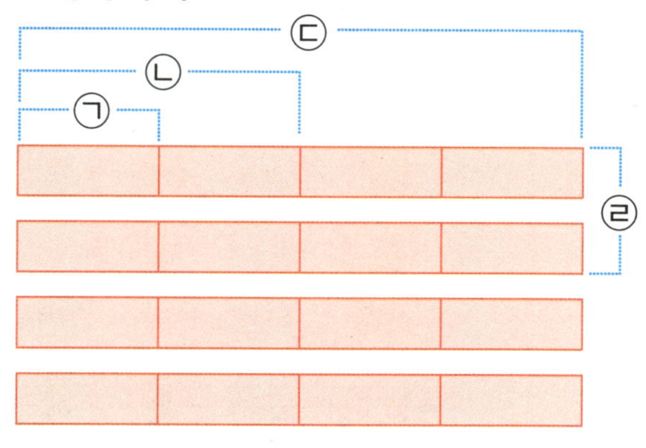

㉠ 마디 : 세로줄과 세로줄 사이 – 1마디

㉡ 동기 : 악곡을 이루는 가장 작은 단위 – 2마디

㉢ 작은 악절 : 두 개의 동기 – 4마디

㉣ 큰악절 : 두 개의 작은 악절 – 8마디

▶악곡의 형식

1. 한도막 형식 : 큰악절 1개, 작은 악절 2개 – 8마디

2. 두도막 형식 : 큰악절 2개 – 16마디

3. 작은 세도막 형식 : 작은 악절 3개 – 12마디

4. 세도막 형식 : 큰악절 3개 – 24마디

꾸밈음의 종류

• 빈칸을 알맞게 채워 보세요.

악곡의 형식	마 디
___ 형식	12 마디
세도막 형식	◯ 마디
___ 형식	16 마디
한도막 형식	◯ 마디

• 꾸밈음의 이름을 써 보세요.

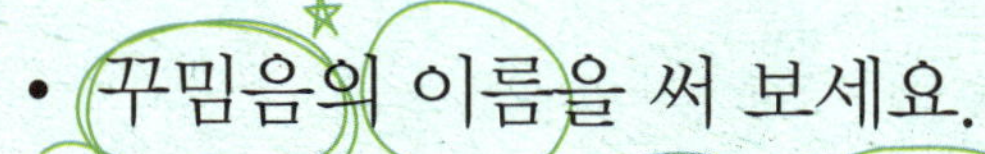

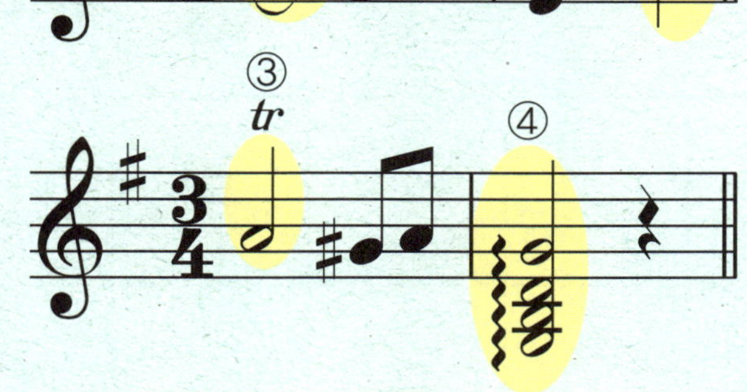

①
②
③
④

• 빈칸을 알맞게 채워 보세요.

계이름			미			라		도
영어 음이름		B		D			G#	

• 코드 네임에 맞게 가장조 주요 3화음을 온음표로 그려 보세요.

계이름을 보고, 알맞은 건반에 색칠해 보세요.
으으~
너무 무섭다.
'런던아이' 는
세계에서
가장 높은
관람용 건축물이야~
우와!!!
엄청 높고 크다!!

음계와 화음 공부

내림마장조 음계

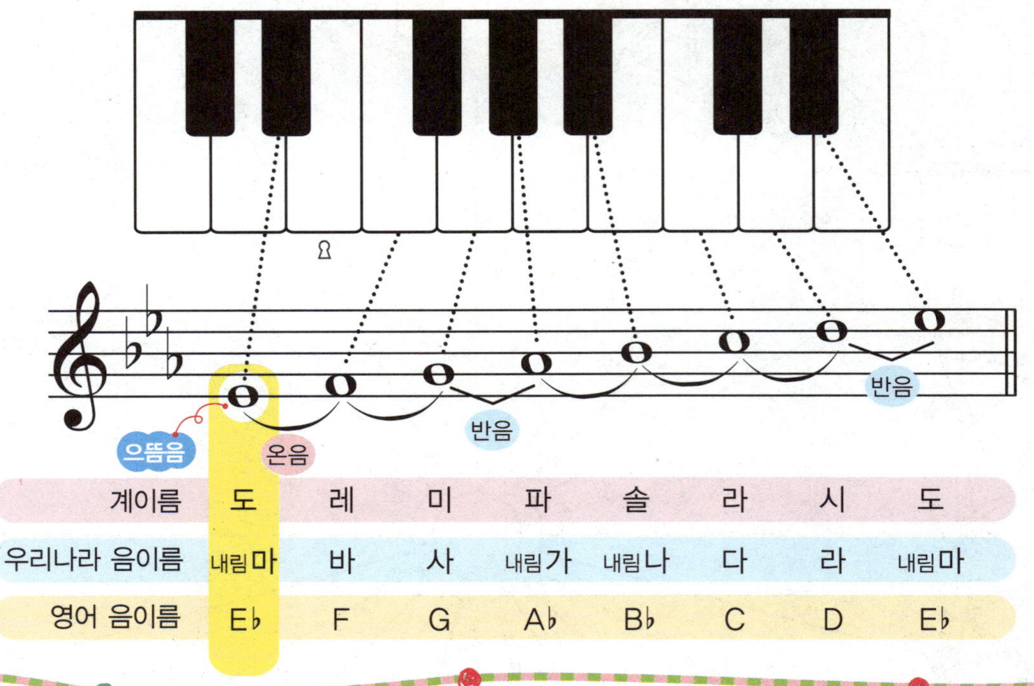

내림마장조 음계는 내림마(미♭)음을 으뜸음으로 하여
3~4음과 **7~8음**이 **반음**이고, 나머지는 **온음**인 음계입니다.

온음에는 ⌣ , **반음**에는 ⌵ 를 그리고, 빈칸을 알맞게 채워 보세요.

계이름

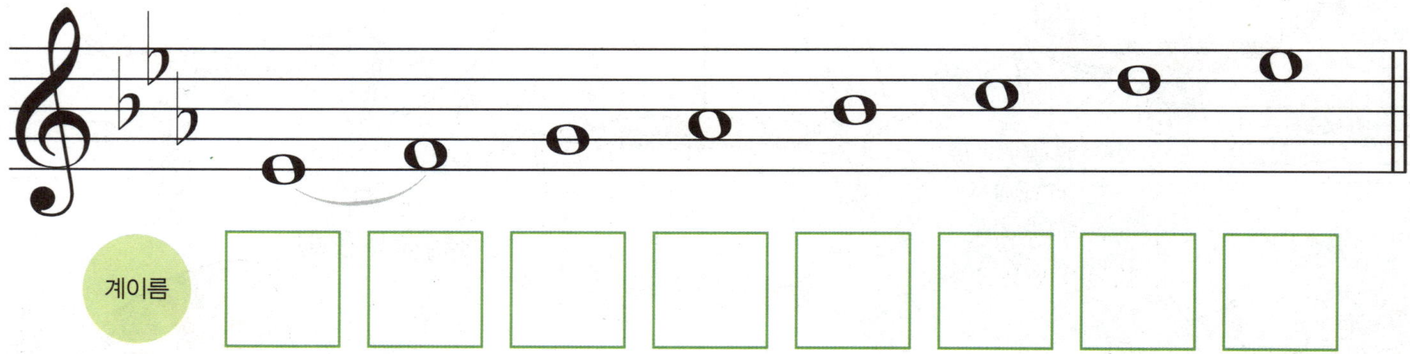

음계는 내림마(미♭)음을 으뜸음으로 하여

3~4음과 [ ] ~ [ ] 음이 반음이고, 나머지는 [ ][ ]인 음계입니다.

 에 우리나라 음이름과 영어 음이름을 써 보세요.

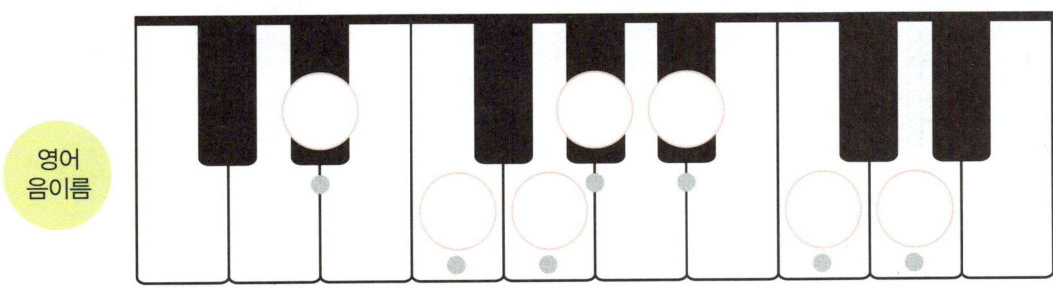 영어 음이름과 **계이름**을 쓰고, 건반과 음을 줄로 이어 보세요.

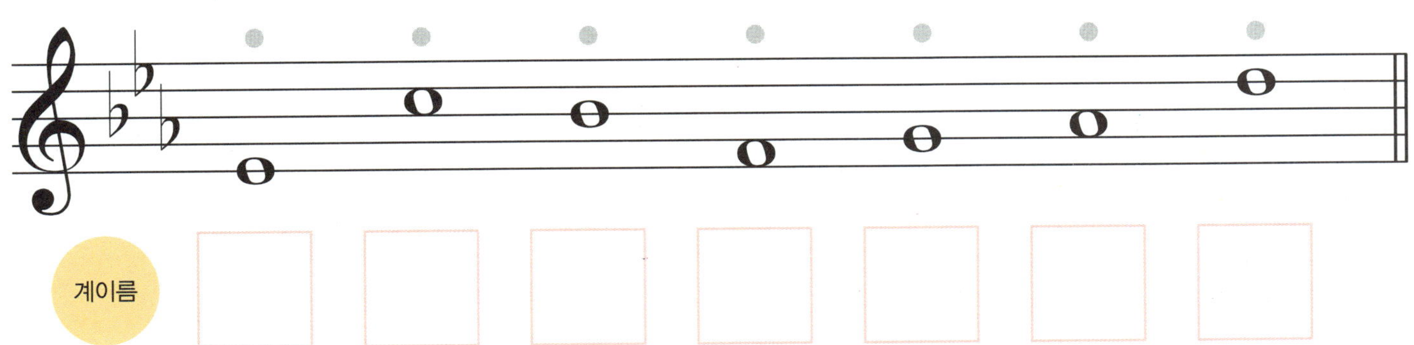

내림마장조 주요 3화음

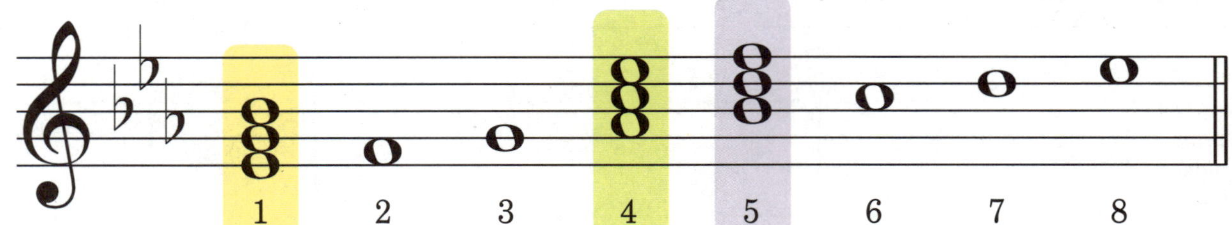

따라 그리고, 써 보세요.

계이름	화음 이름	코드 네임
도미솔	으뜸화음	E♭

계이름	화음 이름	코드 네임
파라도	버금딸림화음	A♭

계이름	화음 이름	코드 네임
솔시레	딸림화음	B♭

 따라 그리고, 빈칸을 알맞게 채워 보세요.

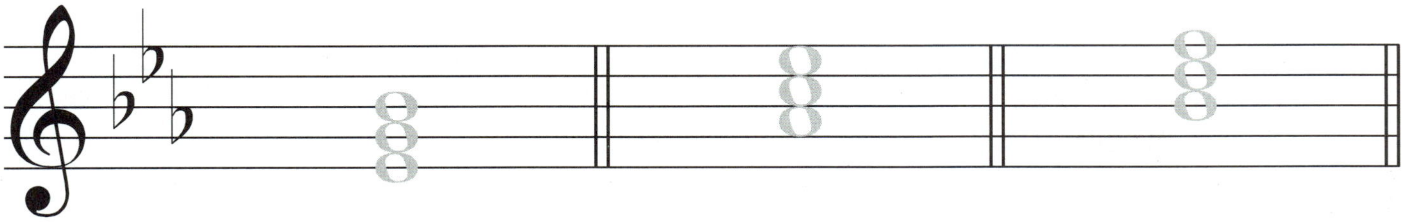

계이름

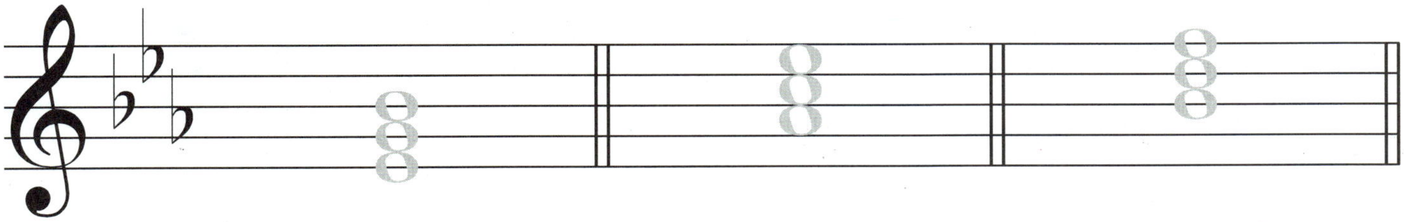

화음
이름

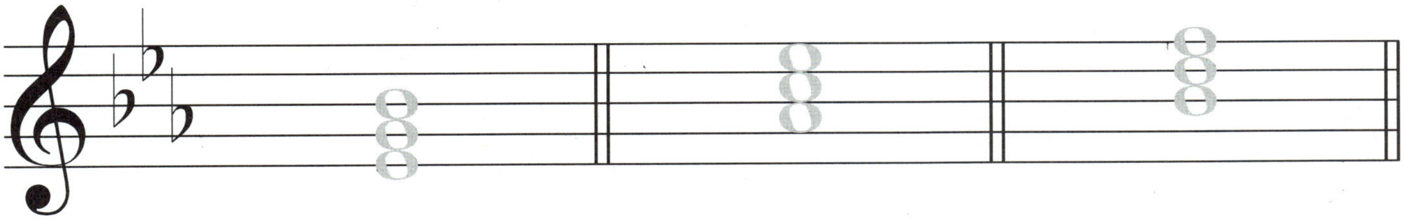

코드
네임

 **화음 기호**에 맞게 **내림마장조 주요 3화음**을 온음표로 그려 보세요.

화음
기호

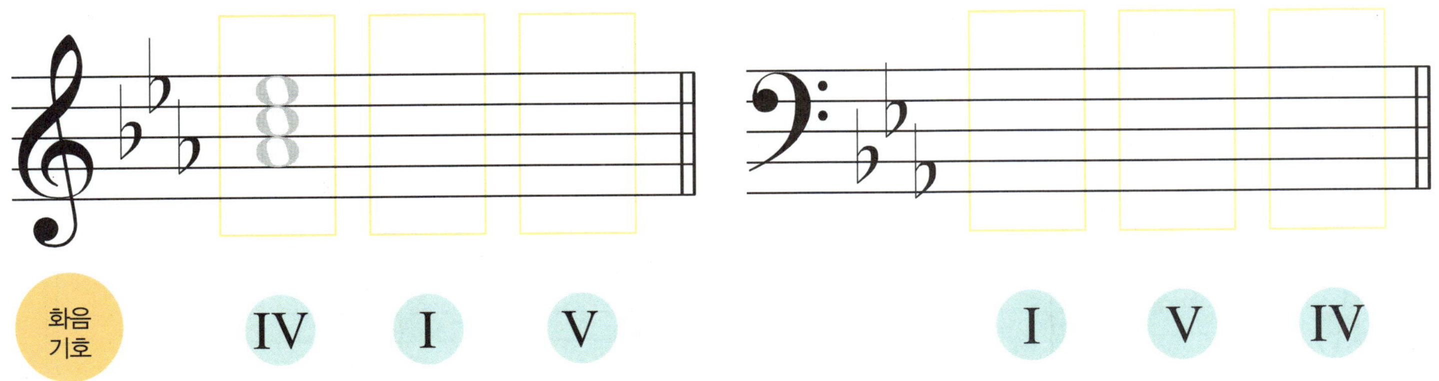

내림마장조 주요 3화음의 밀집·펼침화음

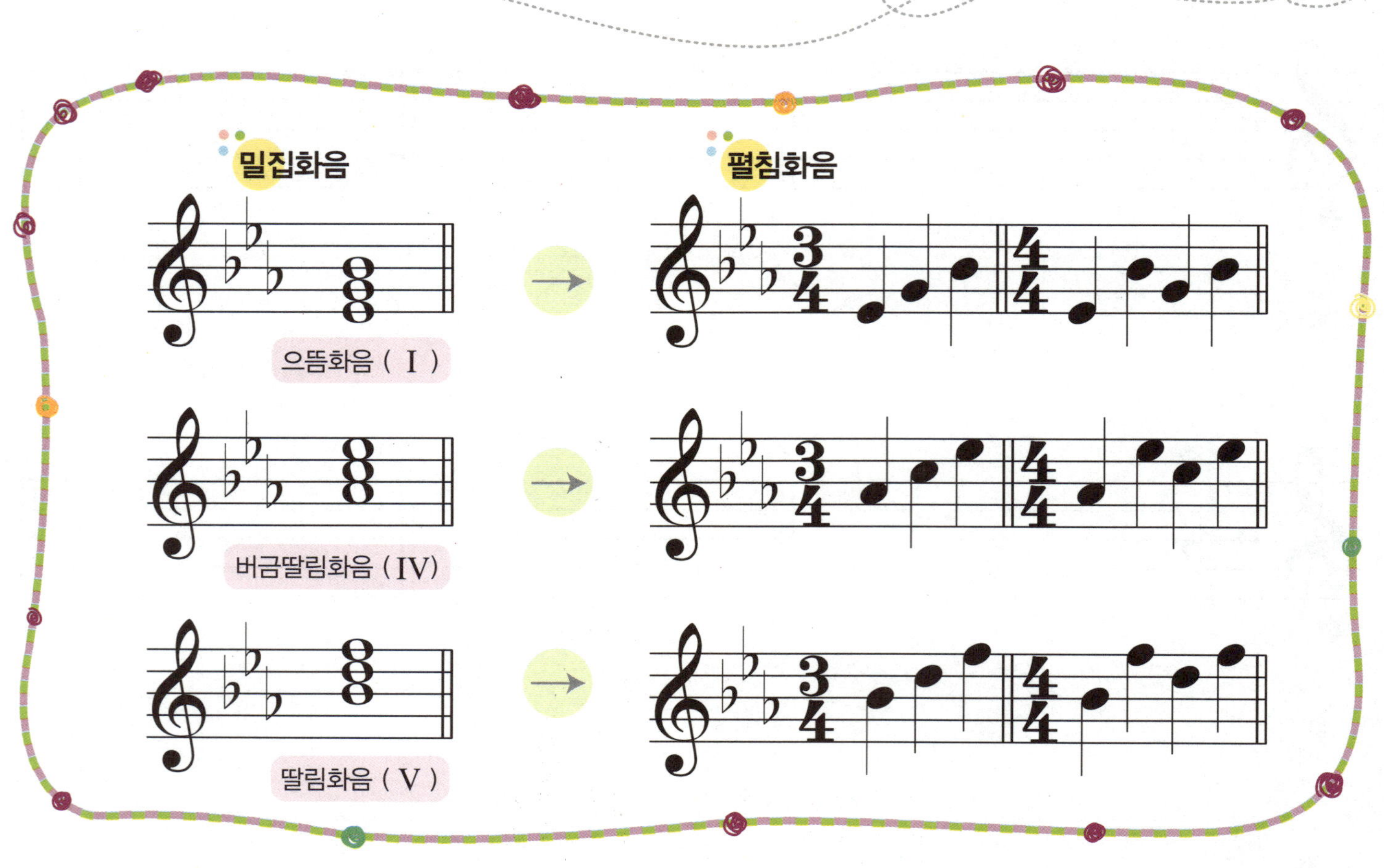

주요 3화음의 **펼침화음**을 4분음표로 그려 보세요.

 밀집화음에는 '**밀집**', 펼침화음에는 '**펼침**'을 써 보세요.

 맞는 것끼리 줄로 이어 보세요.

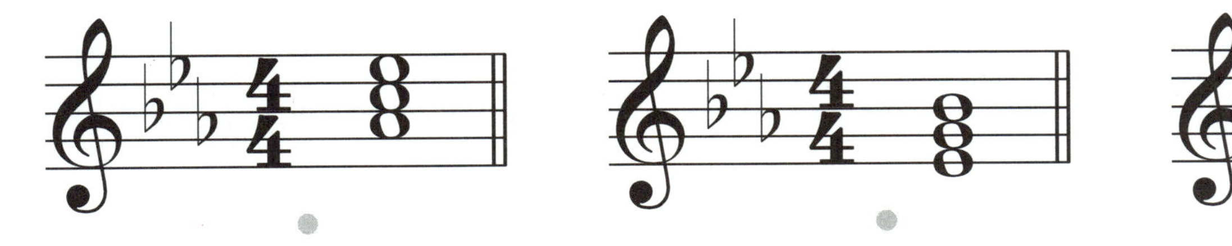

내림마장조 주요 3화음의 자리바꿈

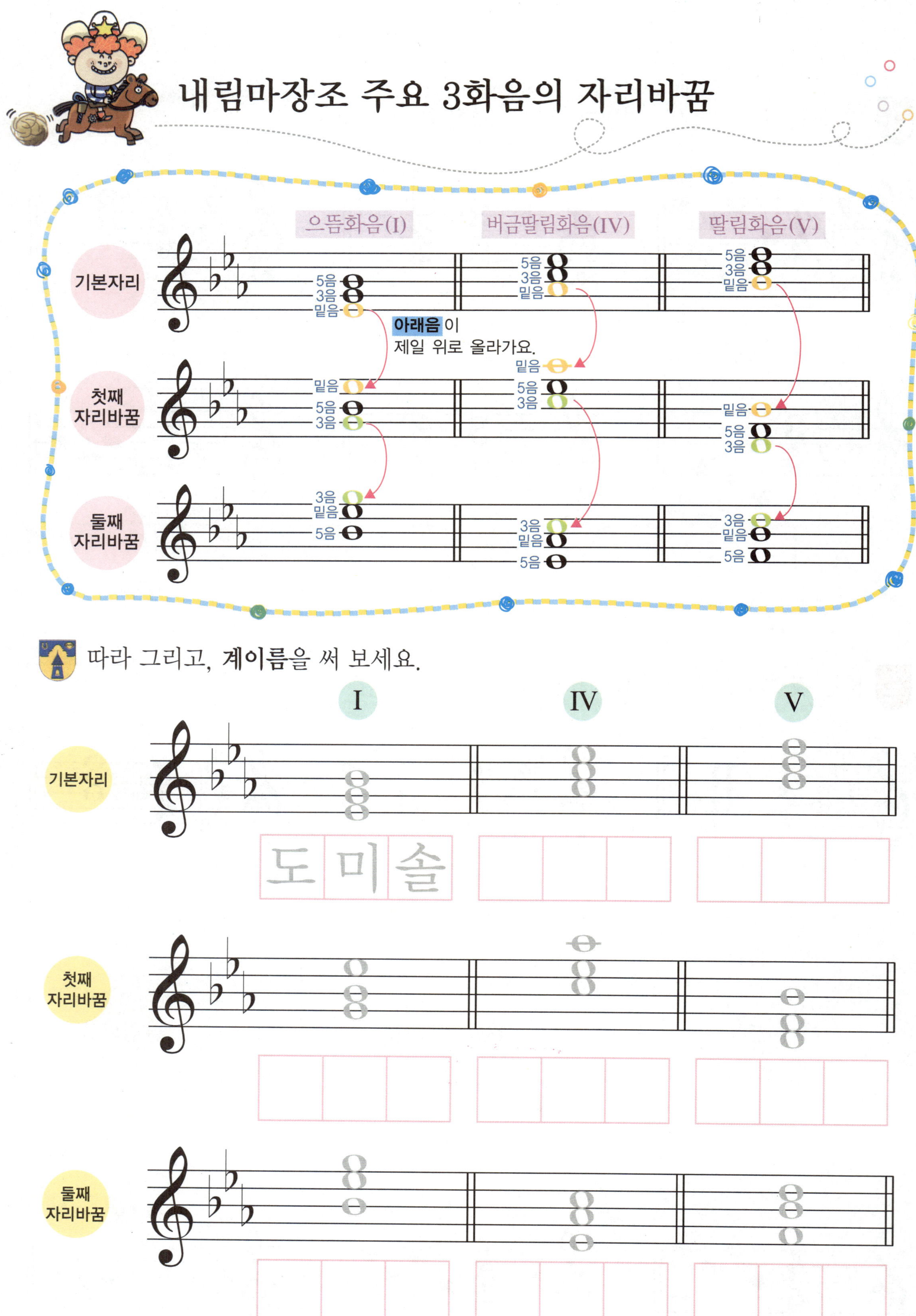

으뜸화음(I)
버금딸림화음(IV)
딸림화음(V)
기본자리
5음
3음
밑음
아래음이
제일 위로 올라가요.
밑음
첫째
자리바꿈
밑음
5음
3음
5음
3음
밑음
5음
3음
둘째
자리바꿈
3음
밑음
5음
3음
밑음
5음
3음
밑음
5음
따라 그리고, 계이름을 써 보세요.
I
IV
V
기본자리
도 미 솔
첫째
자리바꿈
둘째
자리바꿈

 알맞은 **화음** 기호를 써 보세요.

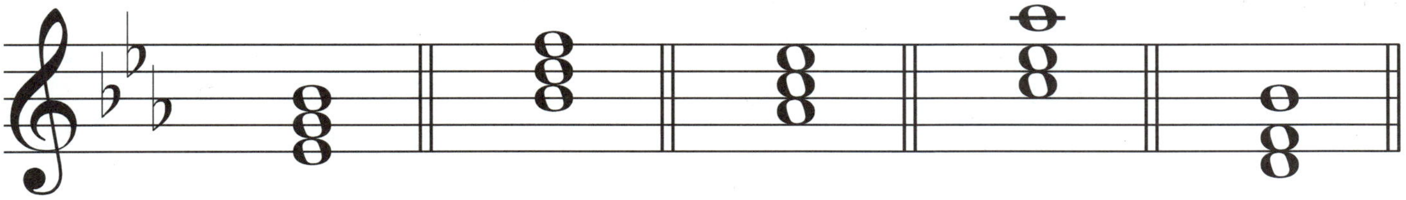

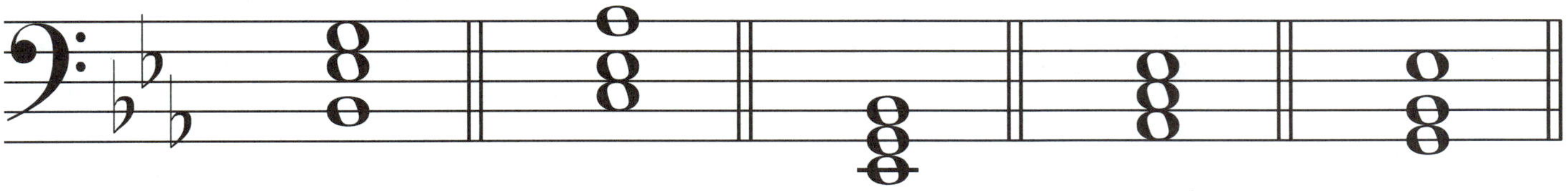

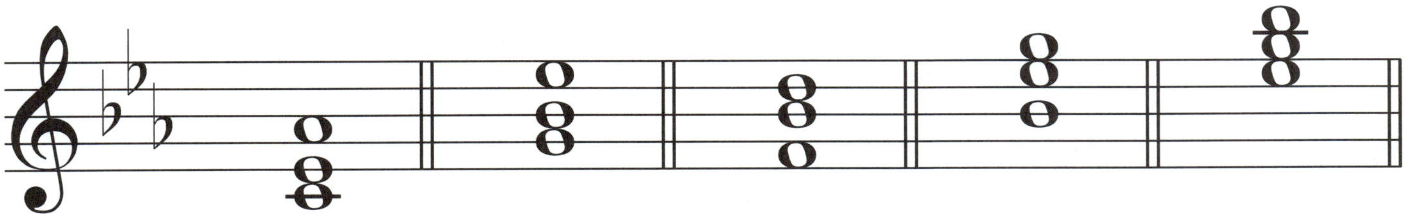

 기본자리에 **기** , 첫째 자리바꿈에 **첫** , 둘째 자리바꿈에 **둘** 을 써 보세요.

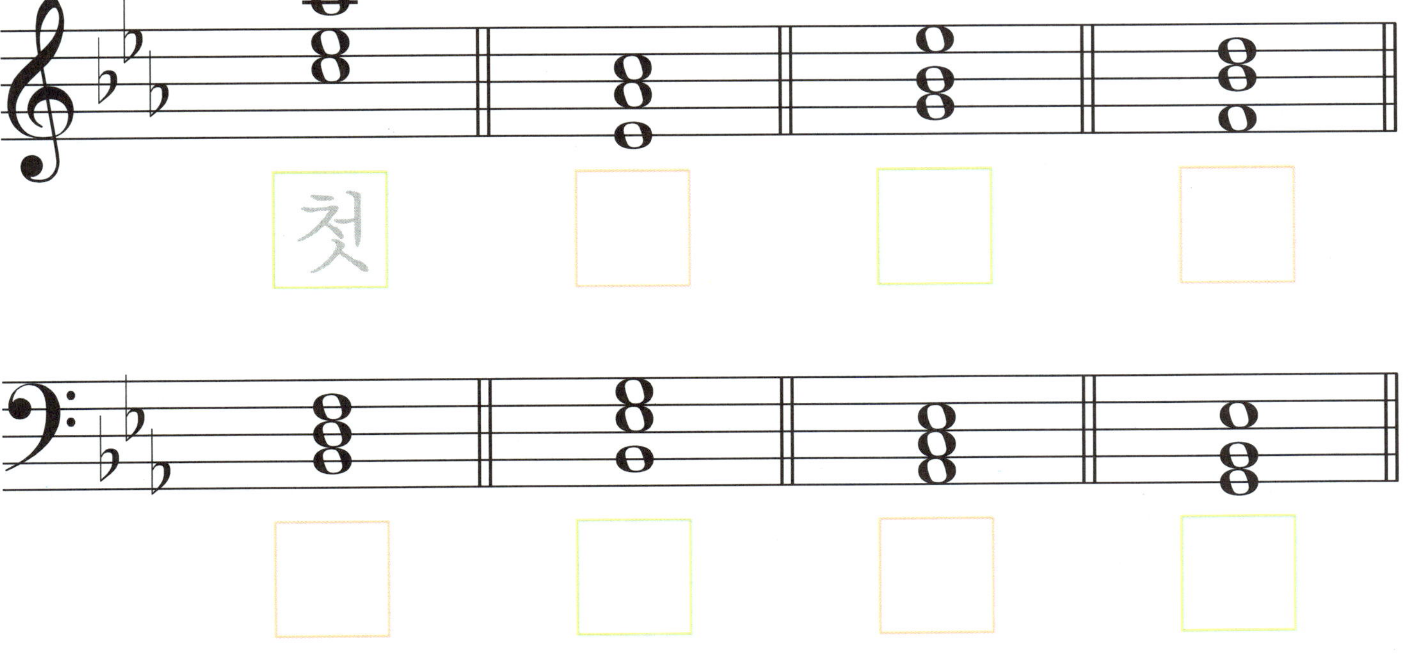

내림마장조 딸림7화음과 자리바꿈

따라 그려 보세요.

 맞는 것끼리 줄로 이어 보세요.

기본자리에 **기** , 첫째 자리바꿈에 **첫** , 둘째 자리바꿈에 **둘** ,
셋째 자리바꿈에 **셋** 을 써 보세요.

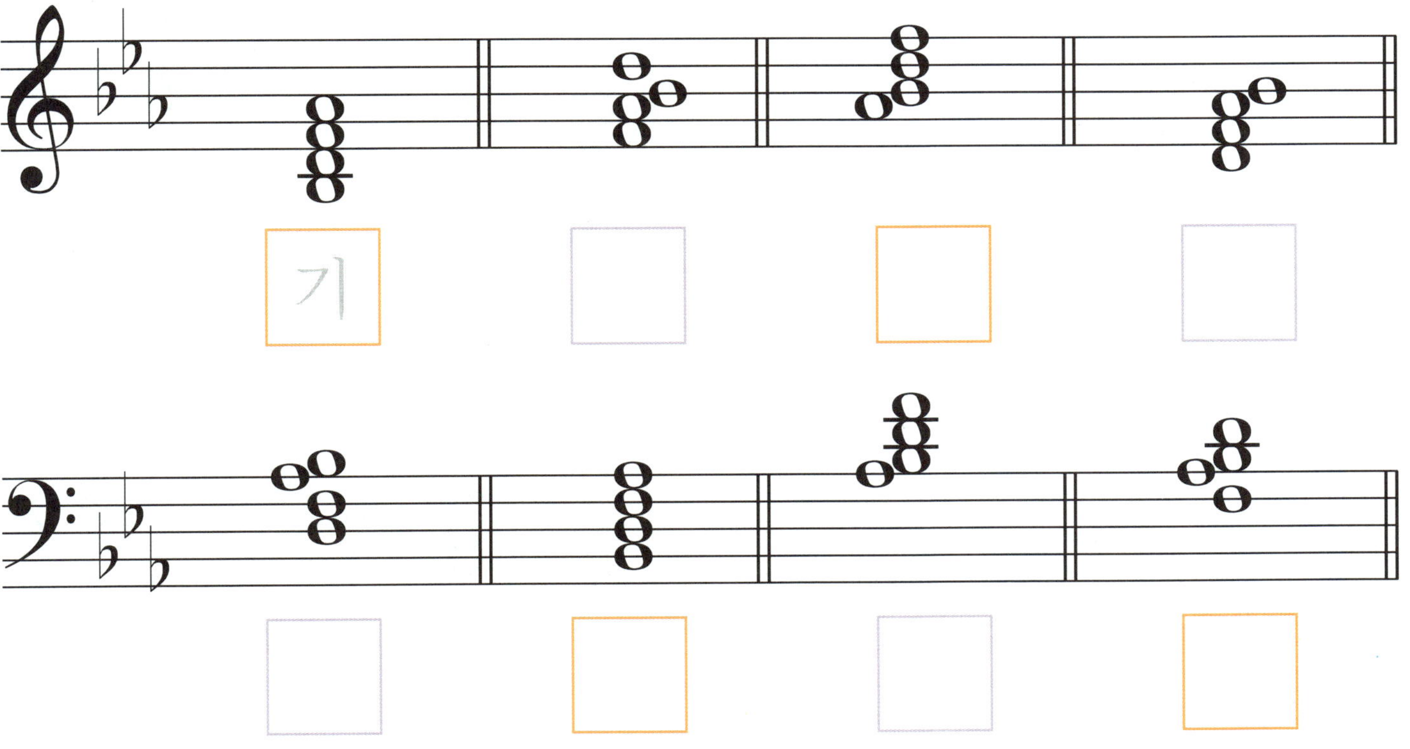

내림마장조 다시보기

 빈칸에 **내림마장조** 계이름과 **영어** 음이름을 써 보세요.

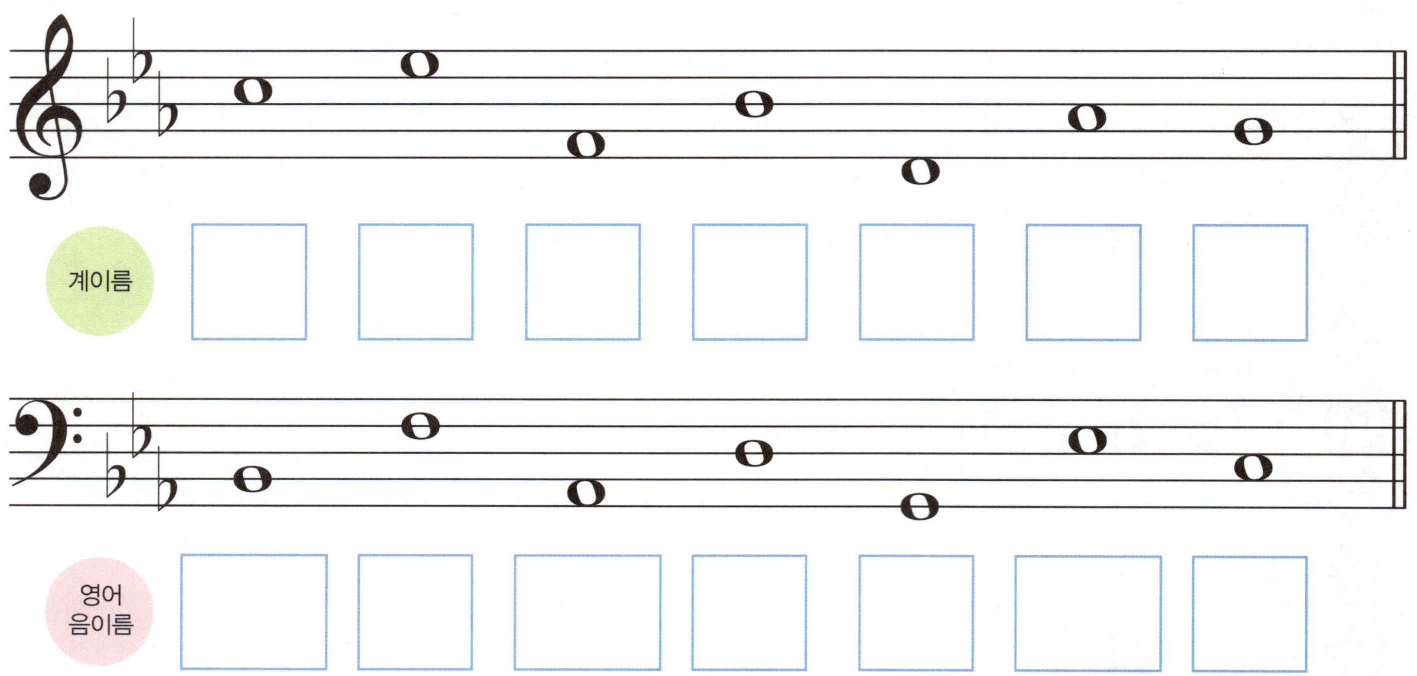

맞는 것을 찾아 ○ 해 보세요.

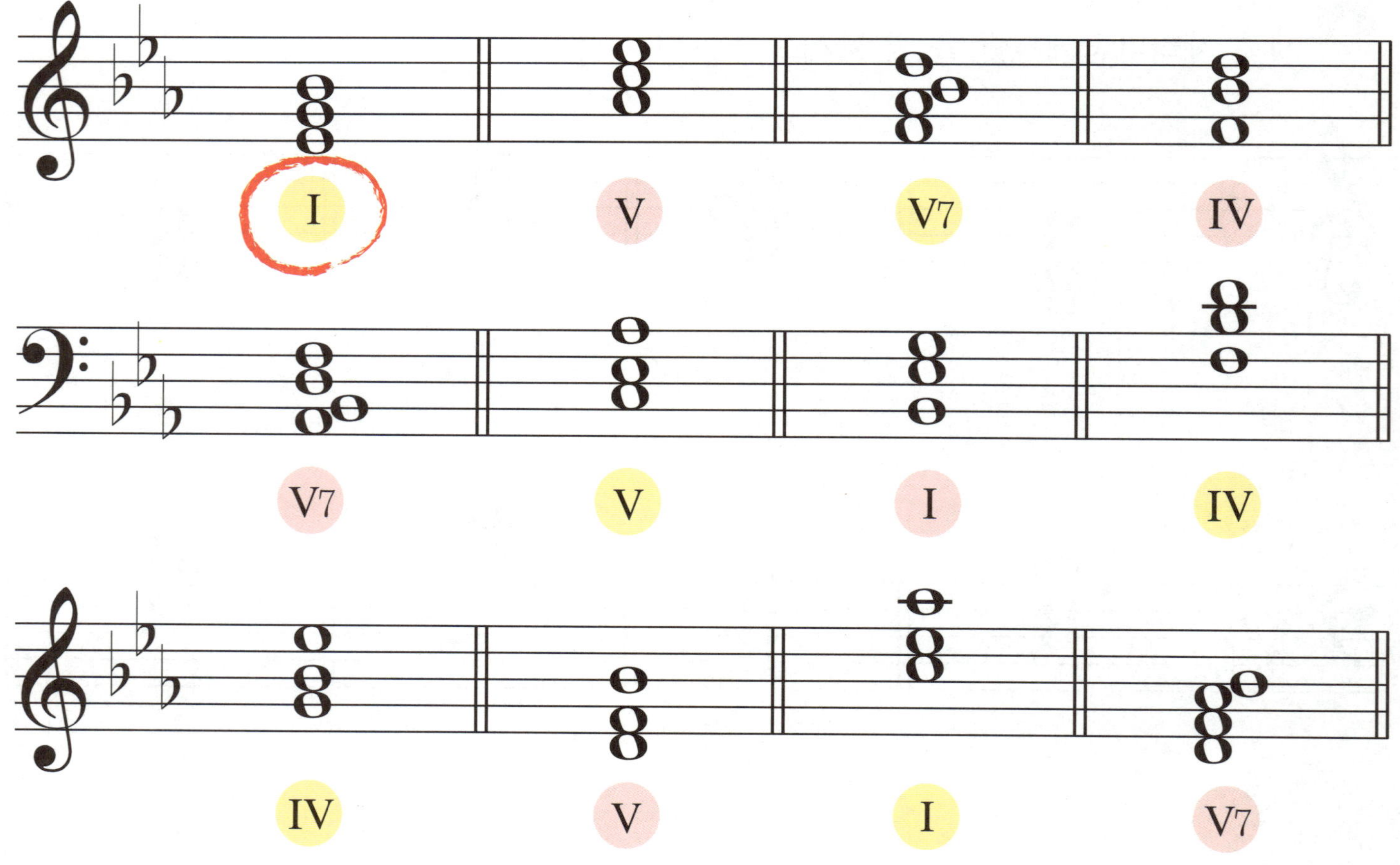

UFO 슛
악보를 채워 UFO 슛을
완성시켜 주세요.
내림마장조
화음 기호와
자리바꿈에 맞게
온음표로 그려 보세요.
V7 첫째 자리바꿈
V 기본자리
V7 첫째 자리바꿈
I 첫째 자리바꿈
IV 둘째 자리바꿈
Goal In!

1 여행 다이어리

1. ▮ 에 알맞은 것은 무엇일까요? (   )

> 내림마장조 음계는 내림마(미♭)음을 으뜸음으로 하여
>
> 3~4음과 ▮▮▮ 음이 반음이고, 나머지는 온음인 음계입니다.

① 5~6   ② 6~7   ③ 2~3   ④ 7~8

2. 내림마장조의 조표와 으뜸음으로 맞는 것은 무엇일까요? (   )

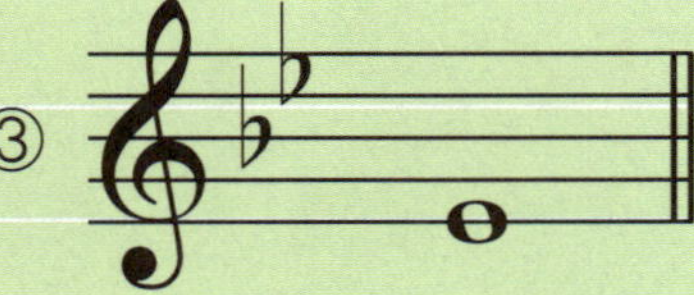

3. 다음의 계이름으로 바른 것은 무엇일까요? (   )

① 솔 시 레   ② 시 레 파

③ 도 미 솔   ④ 레 파 라

4. 내림마장조의 버금딸림화음이 아닌 것은 무엇일까요? (   )

5. 내림마장조 으뜸화음의 둘째 자리바꿈은 무엇일까요? (   )

 ①  ②

 ③  ④

6. 다음 화음의 코드 네임으로 맞는 것은 무엇일까요? (   )

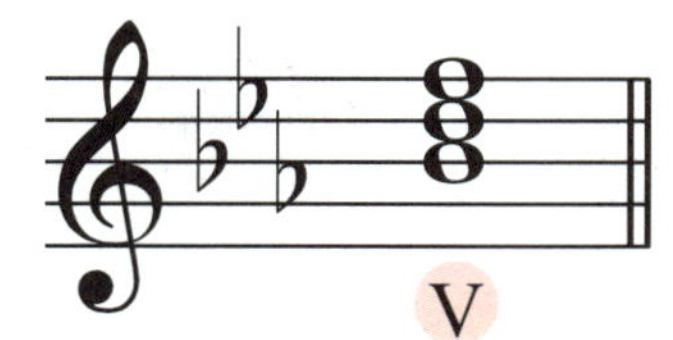

① A♭   ② B♭

③ D   ④ B

7. 내림마장조의 딸림7화음이 아닌 것은 무엇일까요? (   )

 ①  ②

③  ④

8. 보기의 음을 건반에 바르게 나타낸 것은 무엇일까요? (   )

① 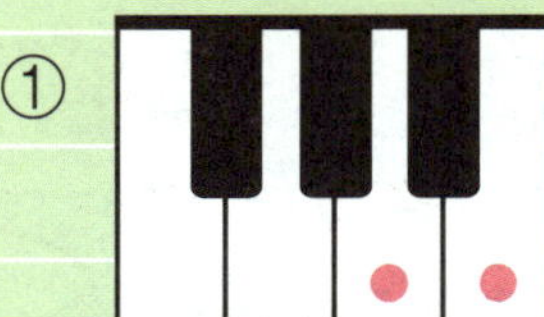 ② 

③ 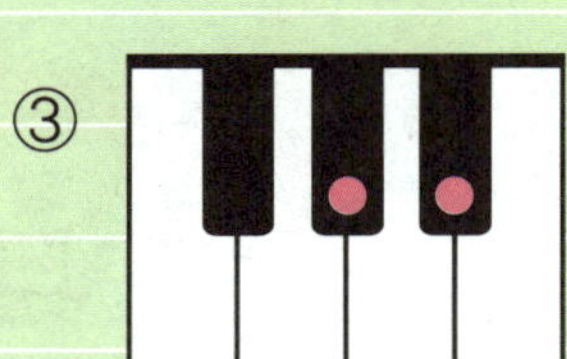 ④ 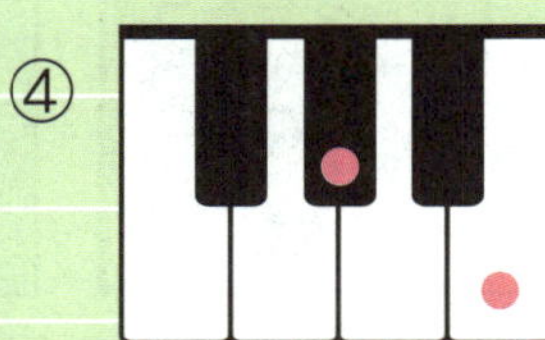

1st-Day 첫째 날 　런던 London

신사의 도시, 영국의 수도 런던!

런던은 영국의 정치, 경제, 문화 그리고 교통의 중심지이며, 세계 최대 도시 중의 하나랍니다. 런던의 안개는 굉장히 유명해요! '런던' 하면 중절모자를 쓰고 한 손에는 우산을 든 멋쟁이 신사 아저씨가 생각나지 않나요?

▶ 런던 시가지

▶ 런던아이

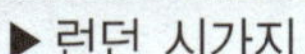
▶ 빅벤

영국은 이런 곳이에요.

대학의 도시 케임브리지

런던에 위치한 킹스크로스역에서 2시간 정도 기차를 타고 케임브리지 도시에 도착했어요.
말로만 들었던 **케임브리지대학교**에 가보니 빨리 대학생이 되고 싶은 생각이 들었답니다.
대학 정원으로는 세계에서 가장 큰 정원과 **피츠윌리엄 박물관(케임브리지 박물관)**이 제일 기억에 남아요.

▶ 피츠윌리엄 박물관

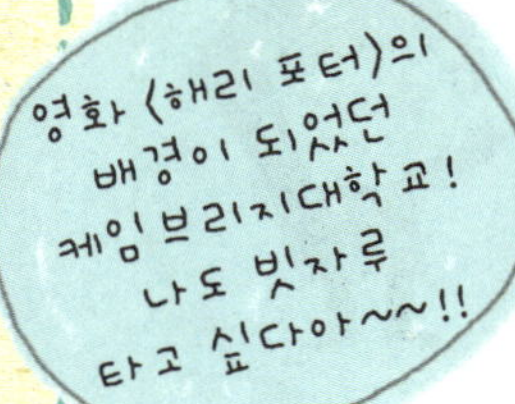

▶ 케임브리지대학교

상공업의 중심 도시 맨체스터

▶ 맨체스터

맨체스터는 18세기 영국 산업혁명으로 인해 면공업이 크게 발전되었고, 이외에도 식품, 기계, 화학, 전자 등 각종 산업이 발달한 도시에요.
지금은 상업, 금융, 보험 등의 상업도시로서 런던에 버금가는 도시가 되었다고 해요.
맨체스터에는 운하도 있어요!

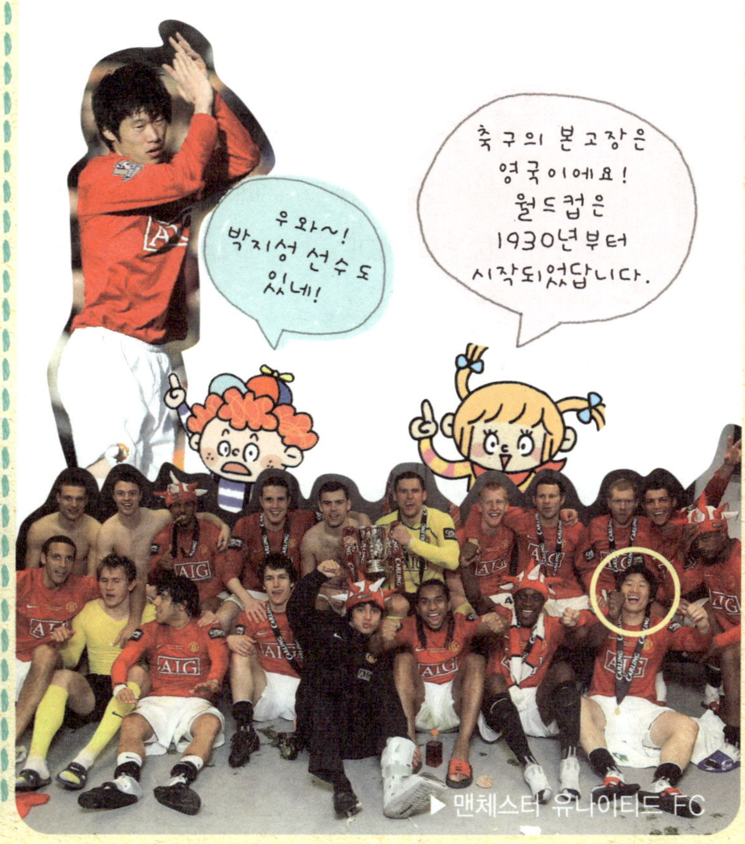

▶ 맨체스터 유나이티드 FC

영국 리버풀 출신의 비틀즈

리버풀은 맨체스터에서 가까운 도시에요. **비틀즈**는 4명의 멤버 전원이 영국 리버풀 출신의 록 밴드랍니다. 전 세계적으로 10억장 이상의 음반을 판매했고, 세계 여러 곳에서 인정받은 대중음악 역사상 가장 성공한 밴드라고도 불리고 있어요.

딴이름 한소리

딴이름 한소리란 두 음의 음이름은 다르지만, 같은 소리가 나는 것을 말합니다.
'**이명동음**'이라고도 합니다.

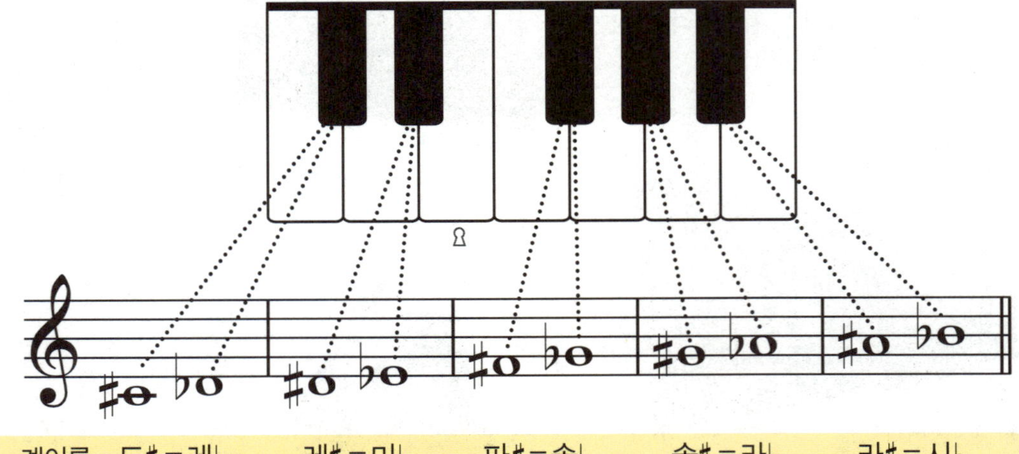

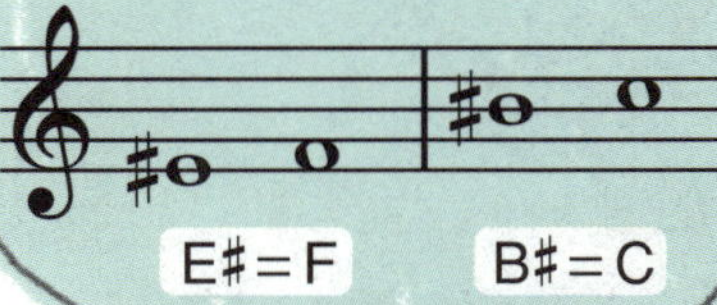

 따라 그리고, ◯에 **계이름**을 써 보세요.

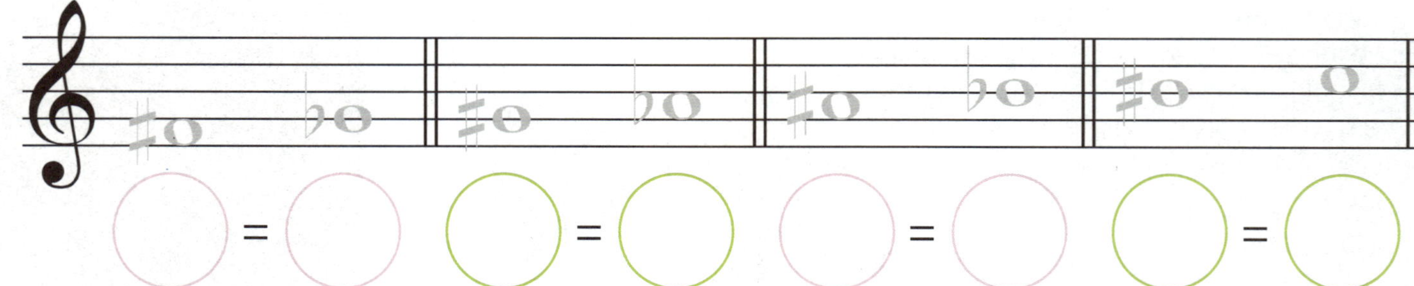

 에 딴이름 한소리의 **영어 음이름**을 써 보세요.

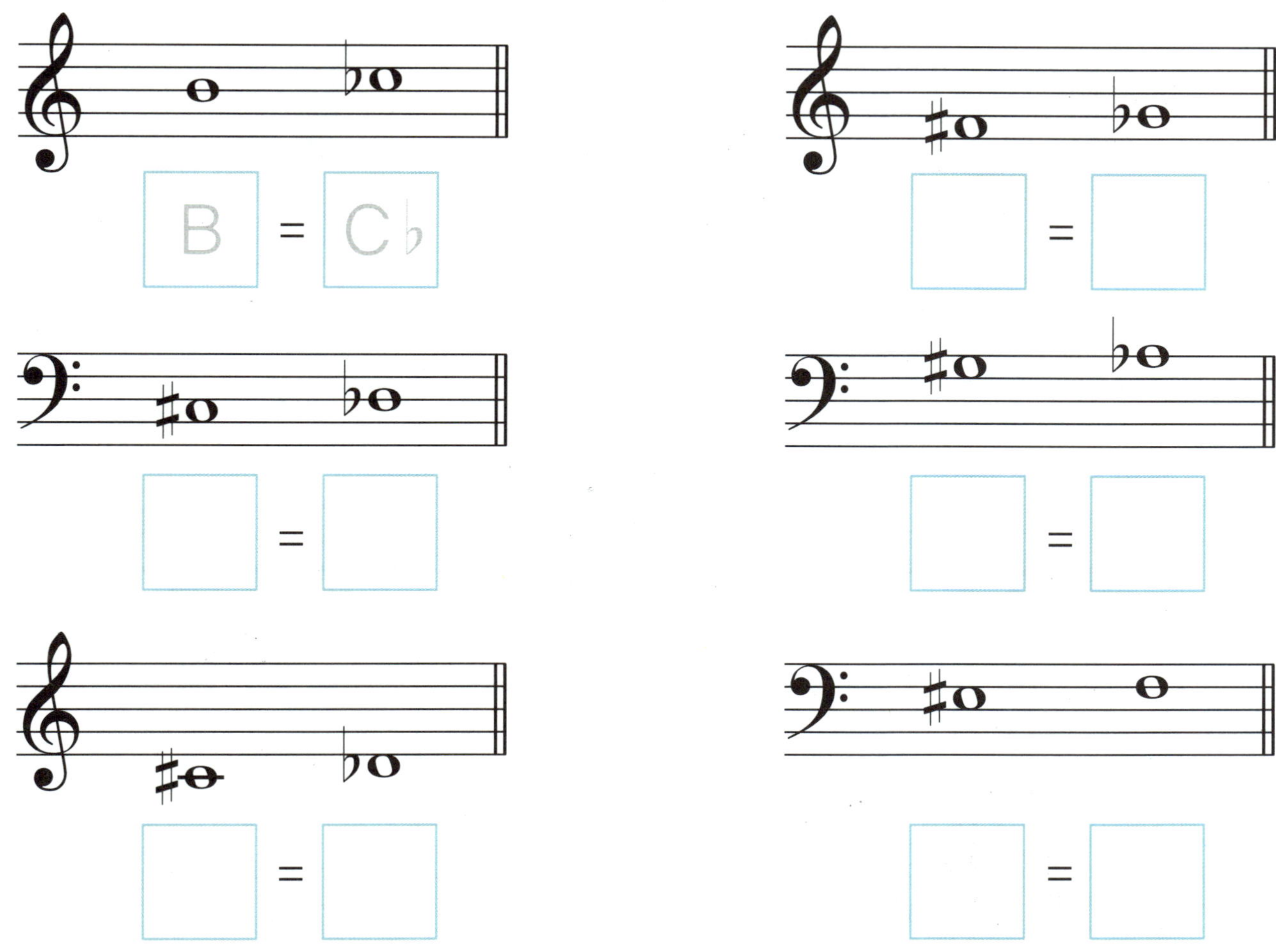

 딴이름 한소리의 음을 **온음표**로 그려 보세요.

 색칠한 건반의 **딴이름 한소리** 음을 **온음표**로 그려 보세요.

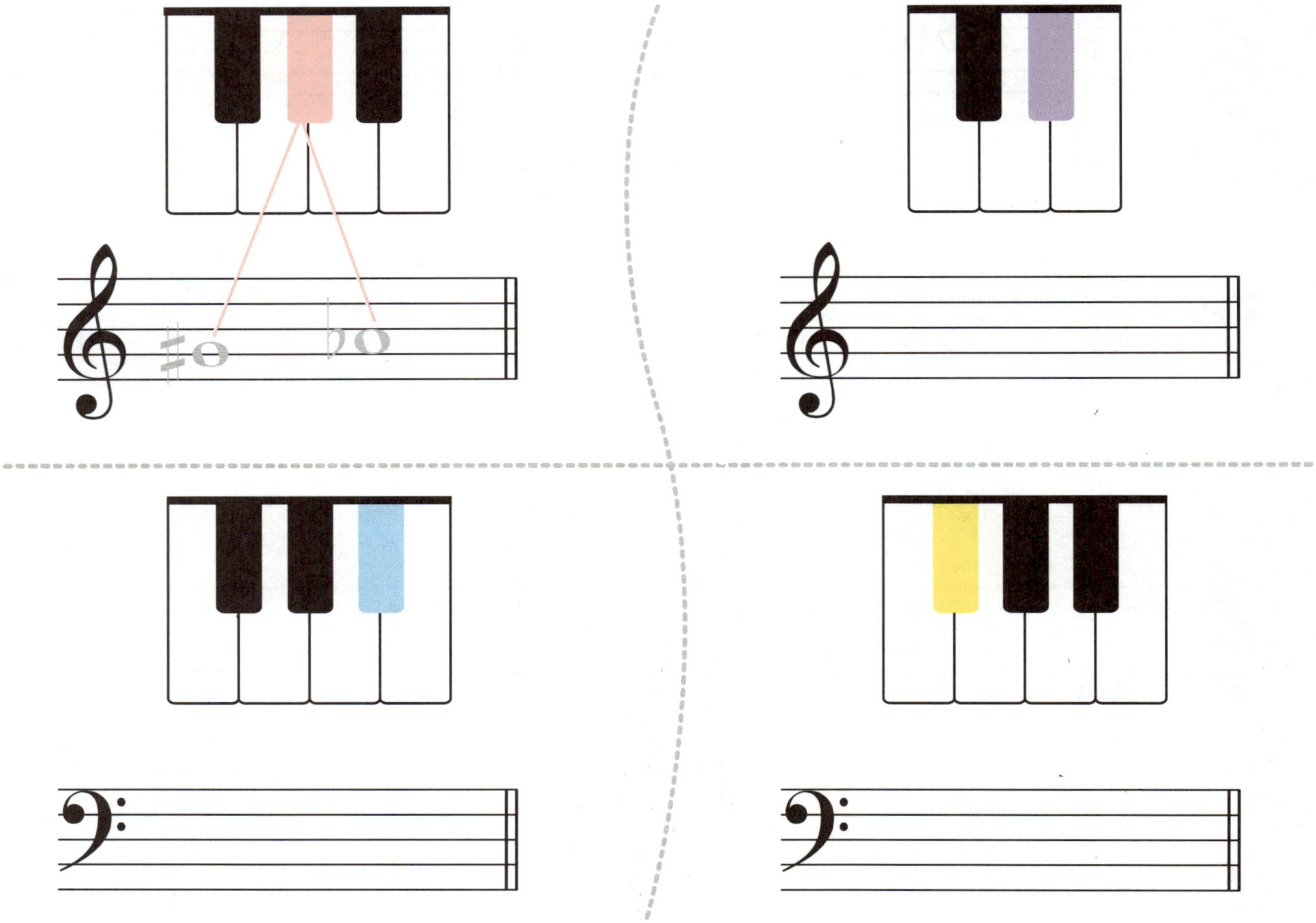

 ◯ 에 알맞은 **건반 번호**를 써 보세요.

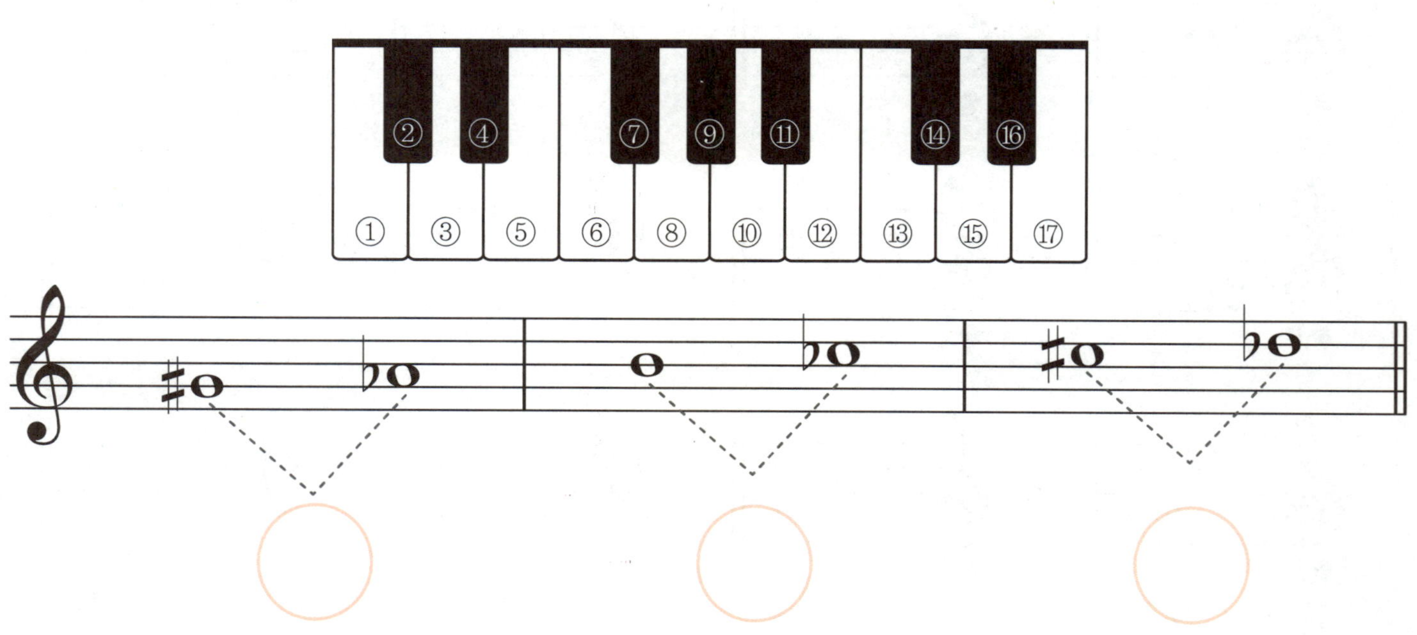

맞는 것끼리 줄로 이어 보세요.

나란한 조

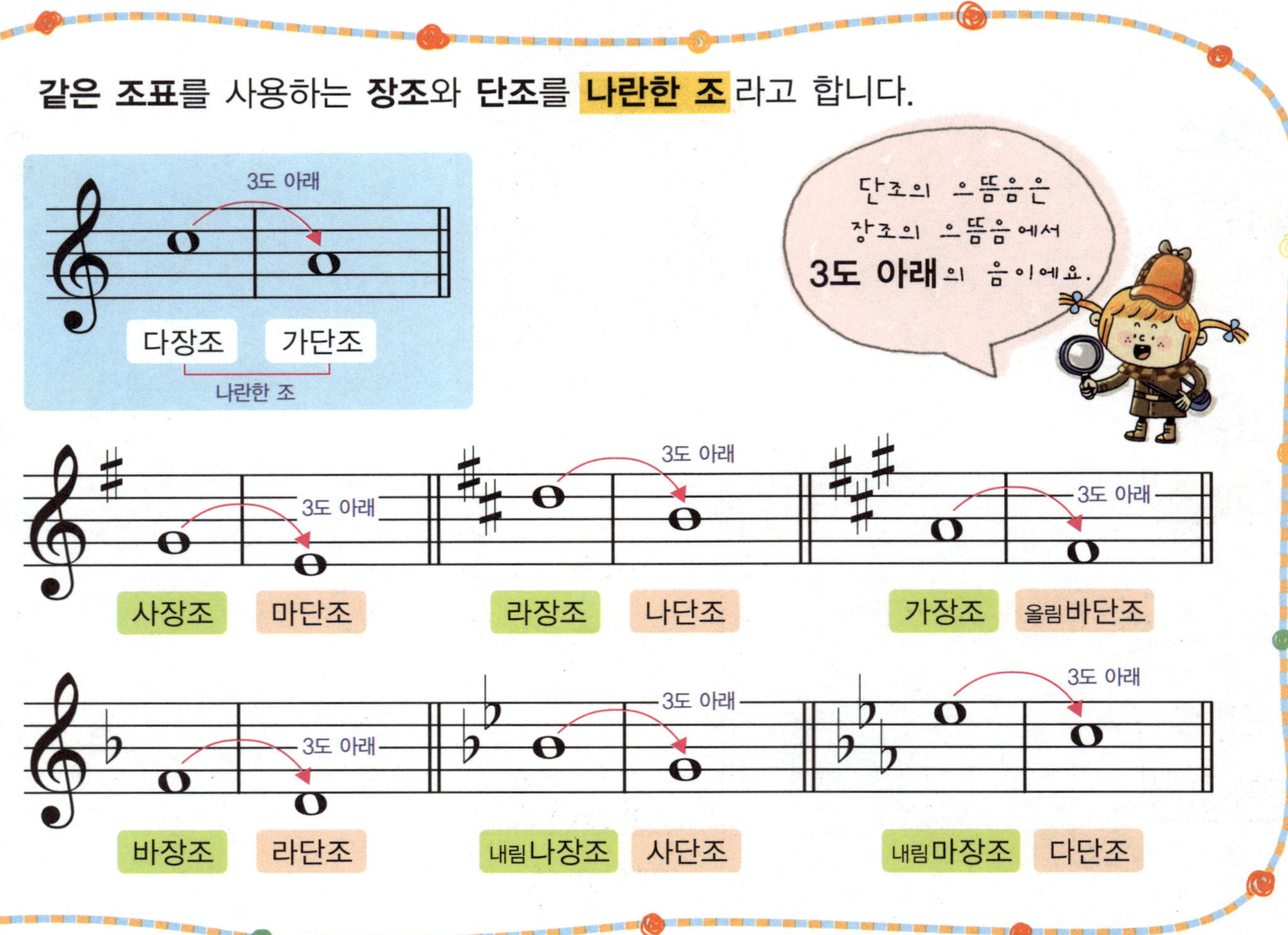

따라 그리고, 써 보세요.

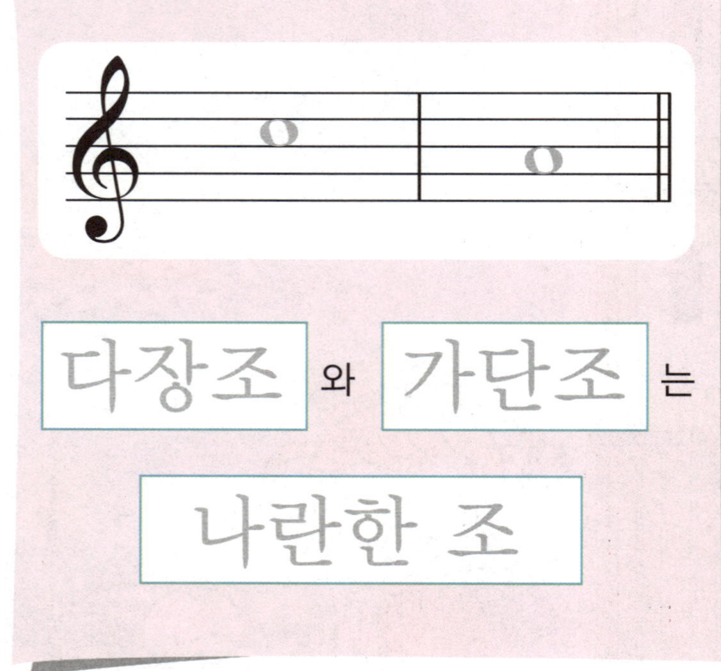

나란한 조의 으뜸음을 온음표로 그려 보세요.

장조
3도 아래
단조
단조
3도 위
장조

주어진 으뜸음에 맞는 조 이름을 써 보세요.

장조
장조
장조
단조
단조
단조

나란한 조끼리 줄로 이어 보세요.

이층버스를 타고 페스티벌이 열리는 에든버러로 떠나요.
올바른 나란한 조를 따라가면 에든버러에 도착할 수 있어요.
출발
Come here !
Let's go !
에든버러 페스티벌

조옮김

곡을 **다른 조**로 옮기는 것을 **조옮김**이라고 합니다.

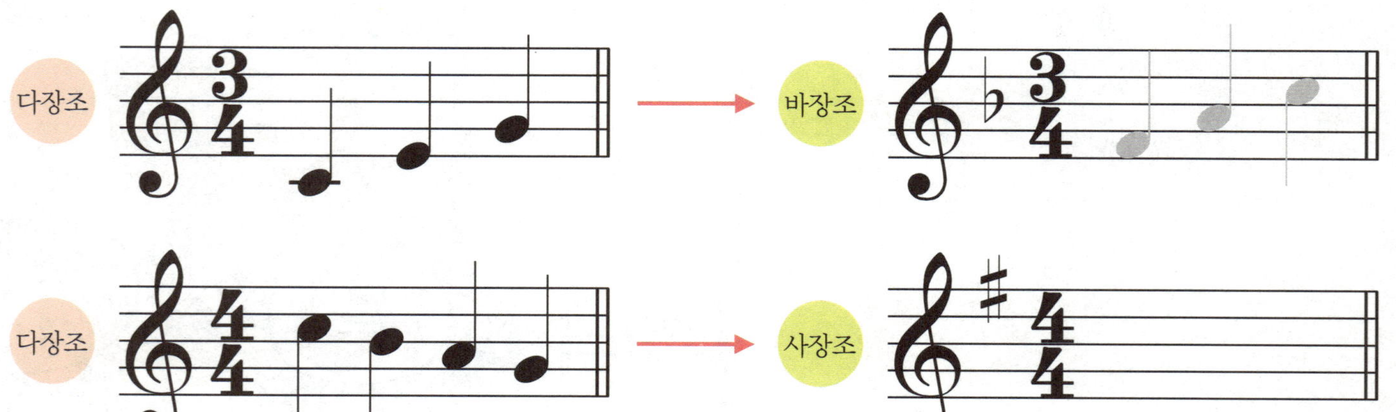

*조옮김 순서
① 원래 곡의 조 이름과 계이름을 알아둡니다.
② 옮기려고 하는 조의 조표를 그린 후, 계이름이 같도록 옮겨서 그립니다.
③ 임시표가 있는 음표는 음정 관계가 동일하게 임시표를 그립니다.

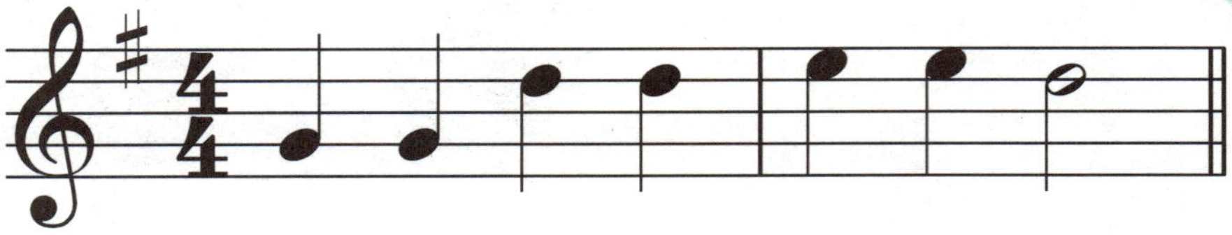

각 조에 맞게 **조옮김**을 해 보세요.

다장조 → 바장조

다장조 → 사장조

 **사장조**로 조옮김을 하고, **계이름**도 써 보세요.

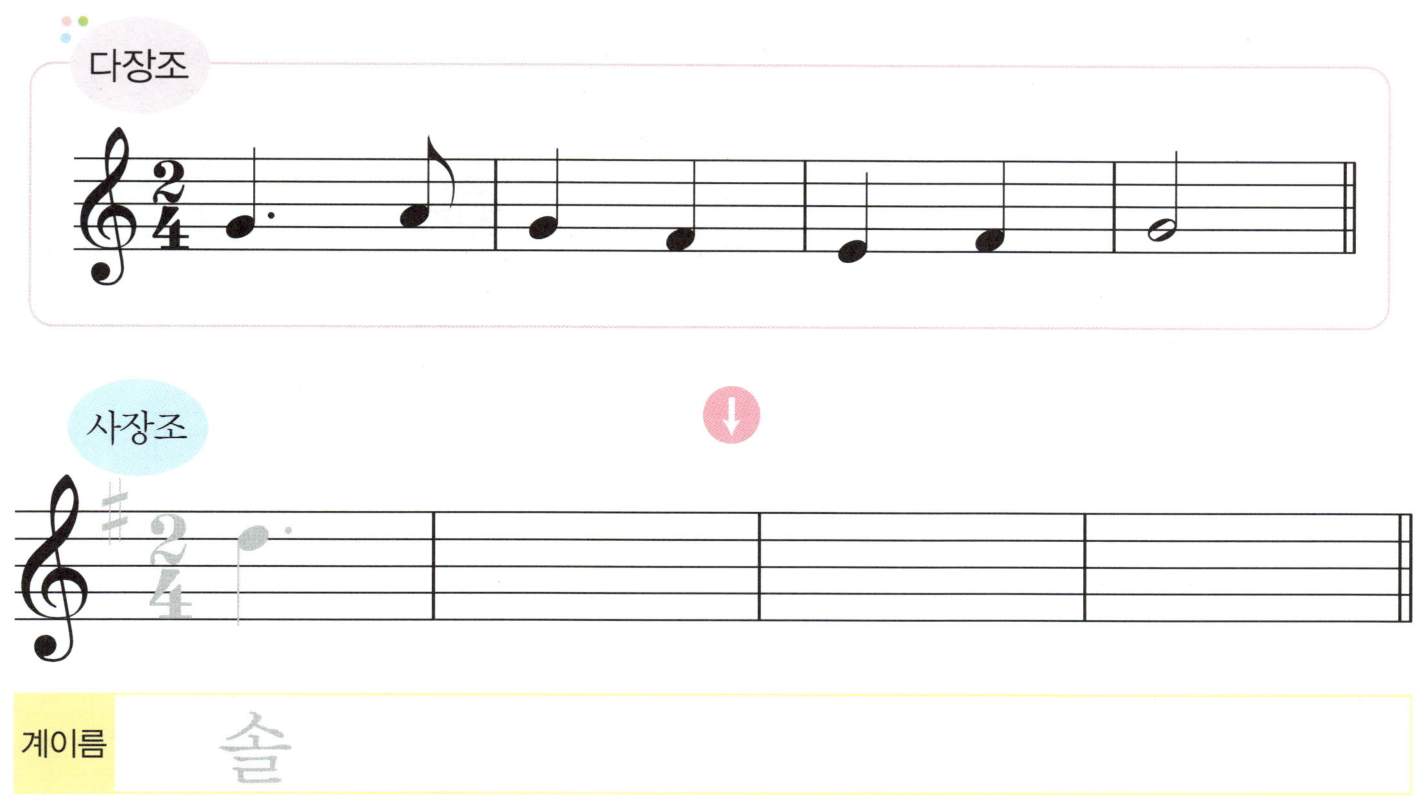

 **바장조**로 조옮김을 하고, **계이름**도 써 보세요.

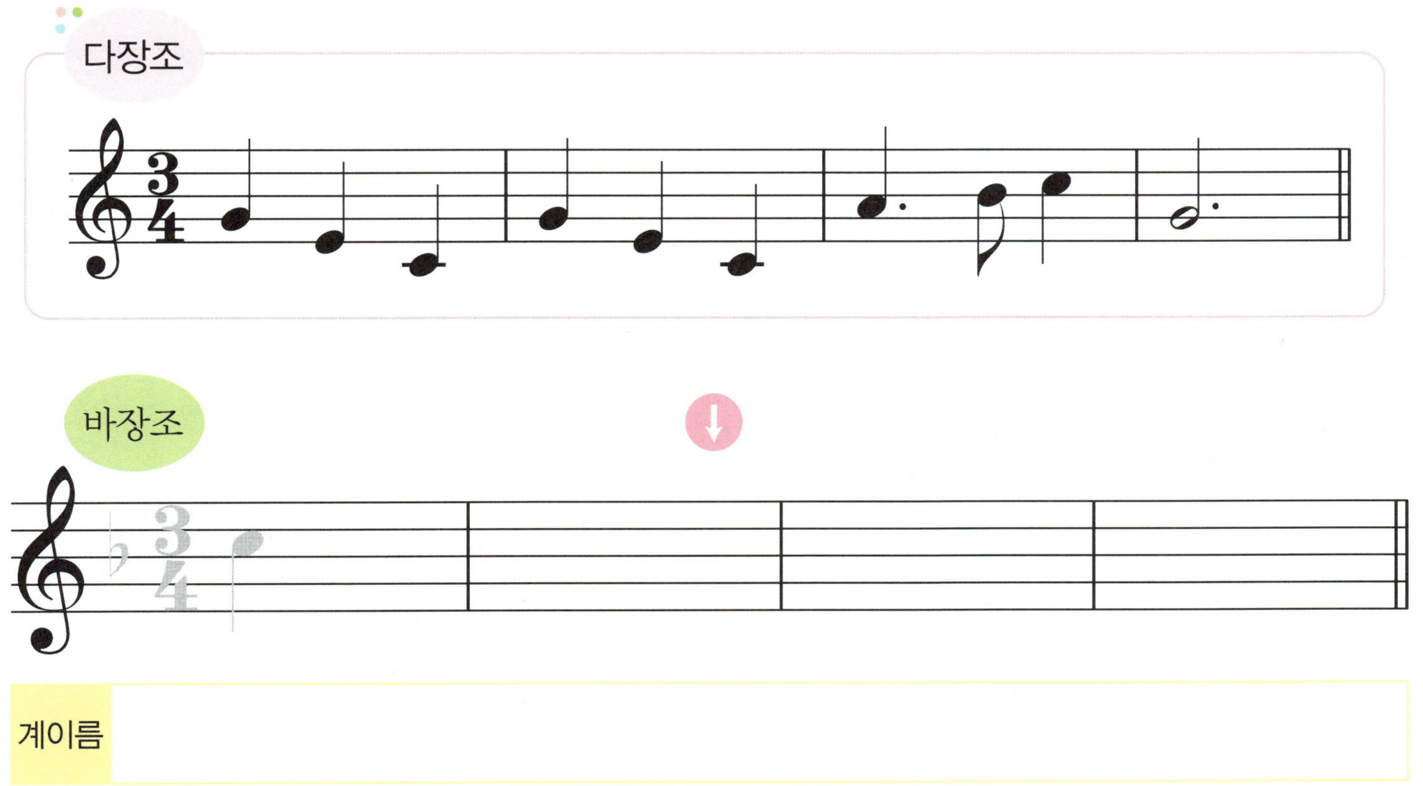

조바꿈

곡의 중간에 조가 바뀌는 것을 **조바꿈** 이라고 합니다.

다장조 → 사장조

| 계이름 | 솔 도 솔 도 미 라 솔 | 도 시 도 레 미 파 솔 |

다장조 → 바장조

| 계이름 | 솔 도 솔 도 미 라 솔 | 도 레 미 파 미 레 도 |

☐ 에 알맞은 **조 이름**을 써 보세요.

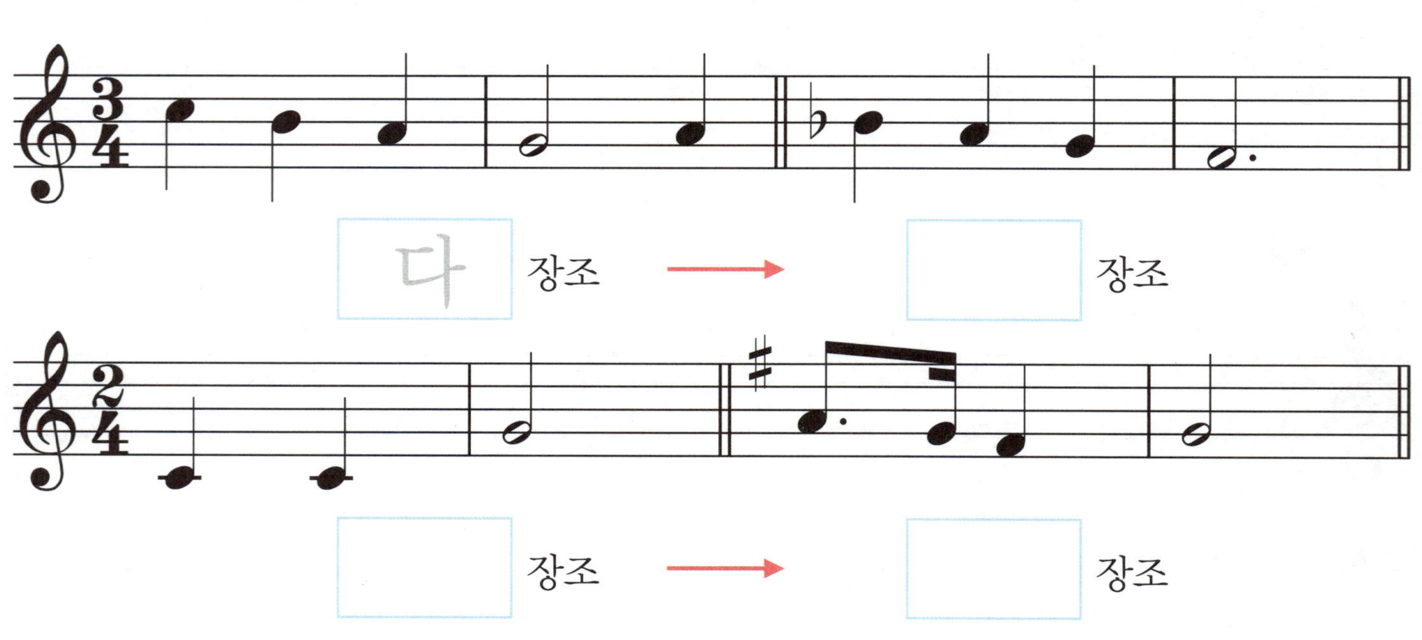

다 장조 → ☐ 장조

☐ 장조 → ☐ 장조

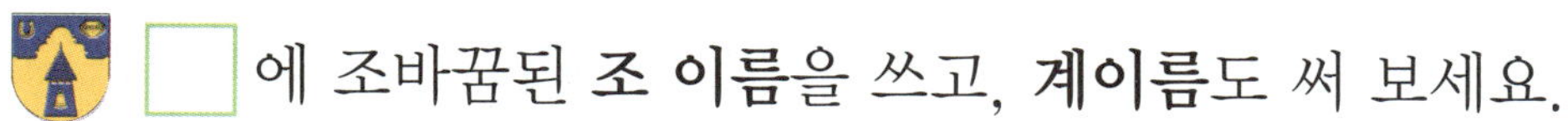
에 조바꿈된 **조 이름**을 쓰고, **계이름**도 써 보세요.

다장조
계이름
다장조
계이름

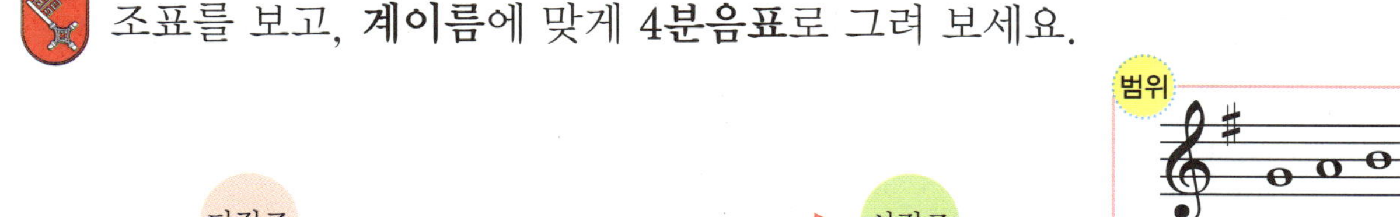
조표를 보고, **계이름**에 맞게 **4분음표**로 그려 보세요.

범위
다장조
사장조
미 파 솔 도 라 레 미 도
범위
다장조
바장조
파 라 솔 미 레 도

딴이름 한소리 · 나란한 조 · 조옮김 · 조바꿈 다시보기

딴이름 한소리의 영어 음이름을 써 보세요.

C♯ =	F♯ =	A♯ =
A♭ =	E♭ =	D♭ =

나란한 조의 **으뜸음**을 온음표로 그려 보세요.

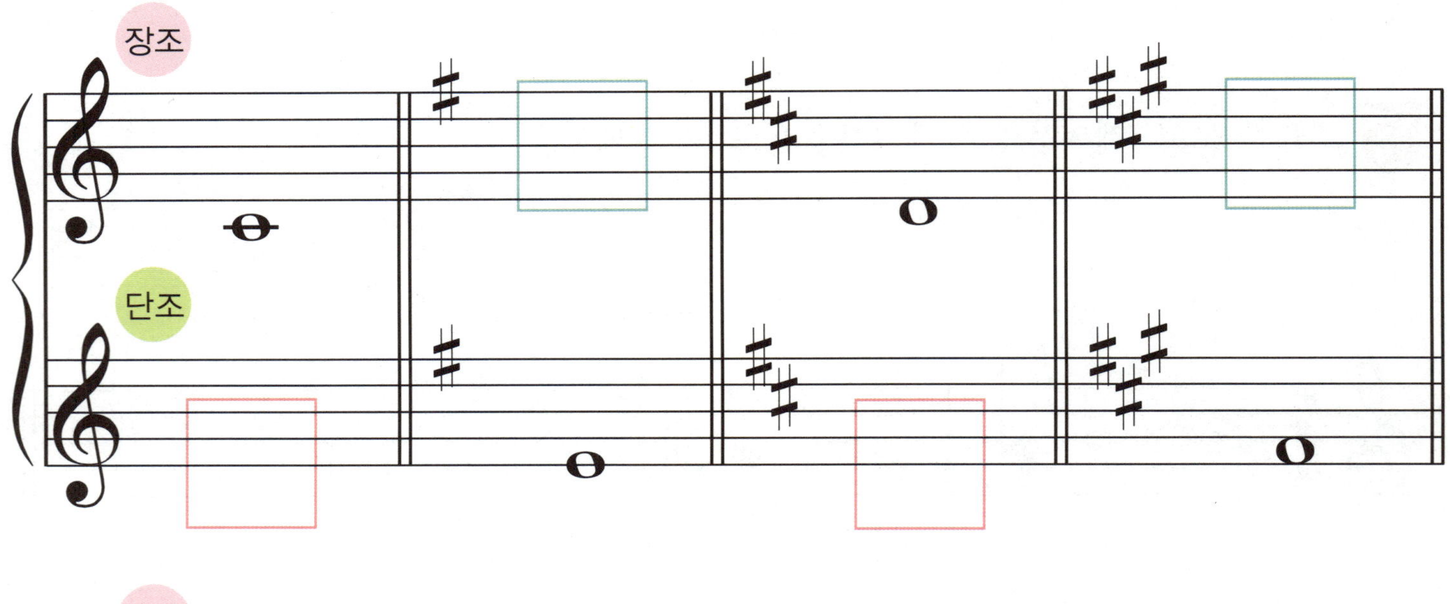

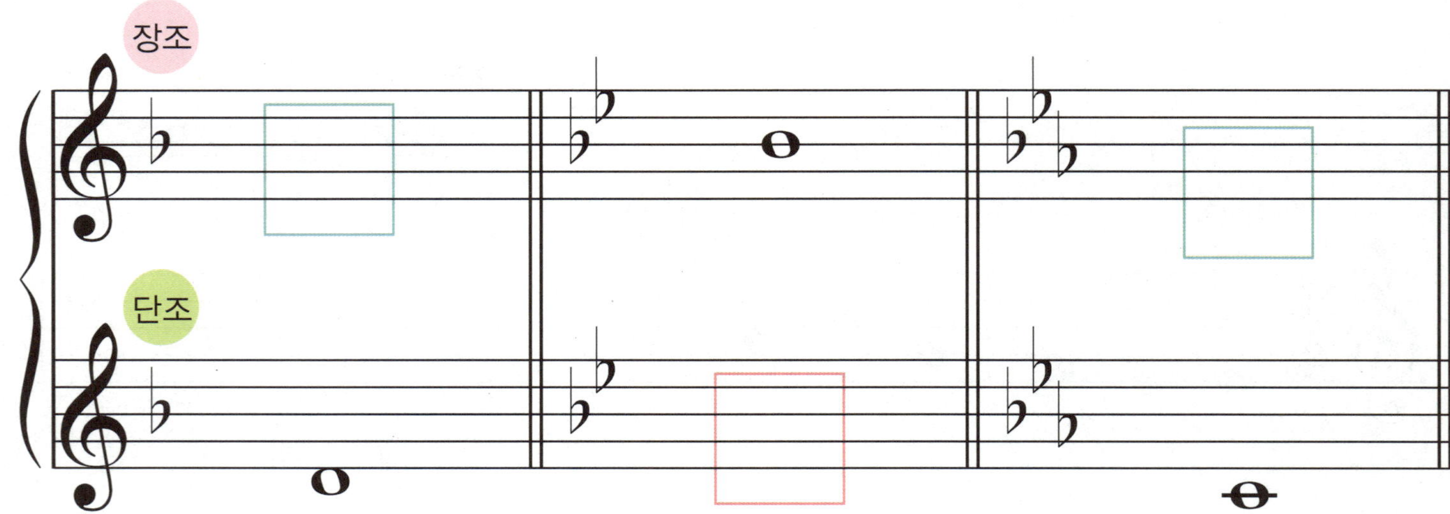

 주어진 조에 맞게 **조옮김**을 해 보세요.

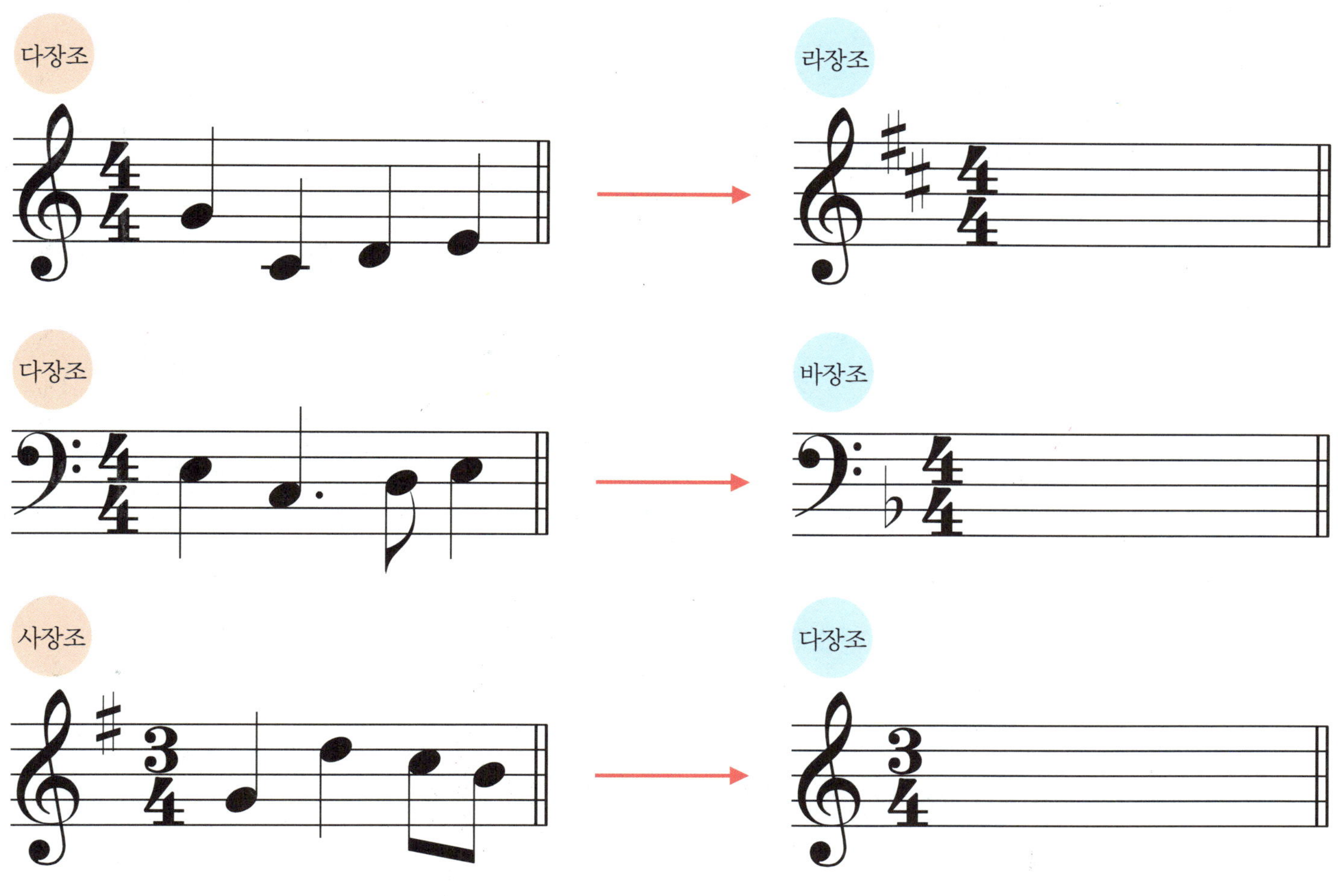

계이름을 써 보세요.

1. 빈칸에 들어갈 알맞은 말은 무엇일까요? (   )

딴이름 한소리란 두 음의 ☐☐☐ 은 다르지만, ☐☐ 소리가 나는 것을 말합니다.

① 음간격, 같은   ② 음이름, 같은

③ 음이름, 다른   ④ 음간격, 다른

2. 곡의 중간에 조가 바뀌는 것을 무엇이라고 할까요? (   )

① 조옮김   ② 딴이름 한소리   ③ 나란한 조   ④ 조바꿈

3. 빈칸에 알맞은 조표는 무엇일까요? (   )

①

②

③

④

4. 빈칸에 알맞은 답을 써 보세요.

같은 조표를 사용하는 장조와 단조를 ☐☐☐ 조라고 합니다.

5. 딴이름 한소리가 알맞게 짝지어진 것은 무엇일까요? (   )

   ① D♯ – E♭   ② F♯ – A♭   ③ C♯ – G♭   ④ D♯ – B♭

6. 라장조의 나란한 조 으뜸음으로 알맞은 것은 무엇일까요? (   )

7. 빈칸에 들어갈 알맞은 말은 무엇일까요? (   )

- 곡을 다른 조로 옮기는 것을 [   ] 이라고 합니다.
- [   ] 을 해도 계이름은 변하지 않습니다.

   ① 계이름   ② 조바꿈   ③ 조옮김   ④ 음이름

8. [   ] 에 들어갈 알맞은 계이름은 무엇일까요? (   )

   ① 미-솔-라-파-미-레-도   ② 라-도-시-솔-라-솔-파

   ③ 미-솔-파-미-레-도-시   ④ 미-솔-파-레-미-레-도

피아노 페달과 페달 기호

피아노의 종류에는 **그랜드** 피아노, **업라이트** 피아노, **디지털** 피아노가 있으며, 피아노에는 **3개의 페달**이 있습니다.

피아노의 종류

그랜드 피아노

업라이트 피아노

디지털 피아노

페달의 종류

소스테누토 페달

- 업라이트 피아노 : 소리를 작게 표현.
- 그랜드 피아노 : 누른 건반의 음만 길게 소리 냄.

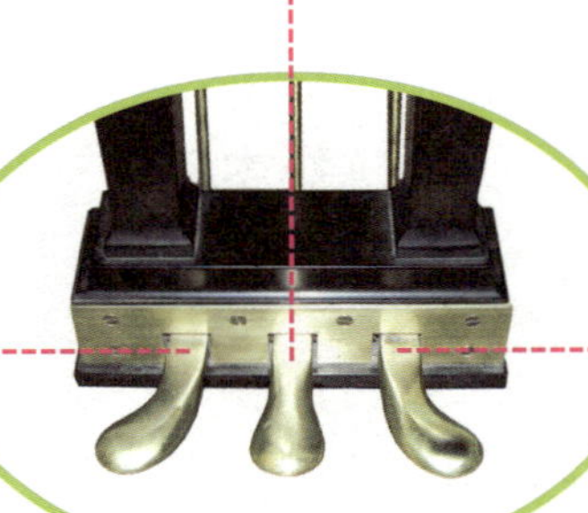

소프트 페달
- 부드럽고 매우 여린 소리 표현.

댐퍼 페달
- 누른 건반의 음이 건반을 뗀 후에도 계속 소리를 울림.

 피아노의 이름을 써 보세요.

그랜드 피아노	업라이트 피아노	디지털 피아노

피아노 페달의 이름을 써 보세요.

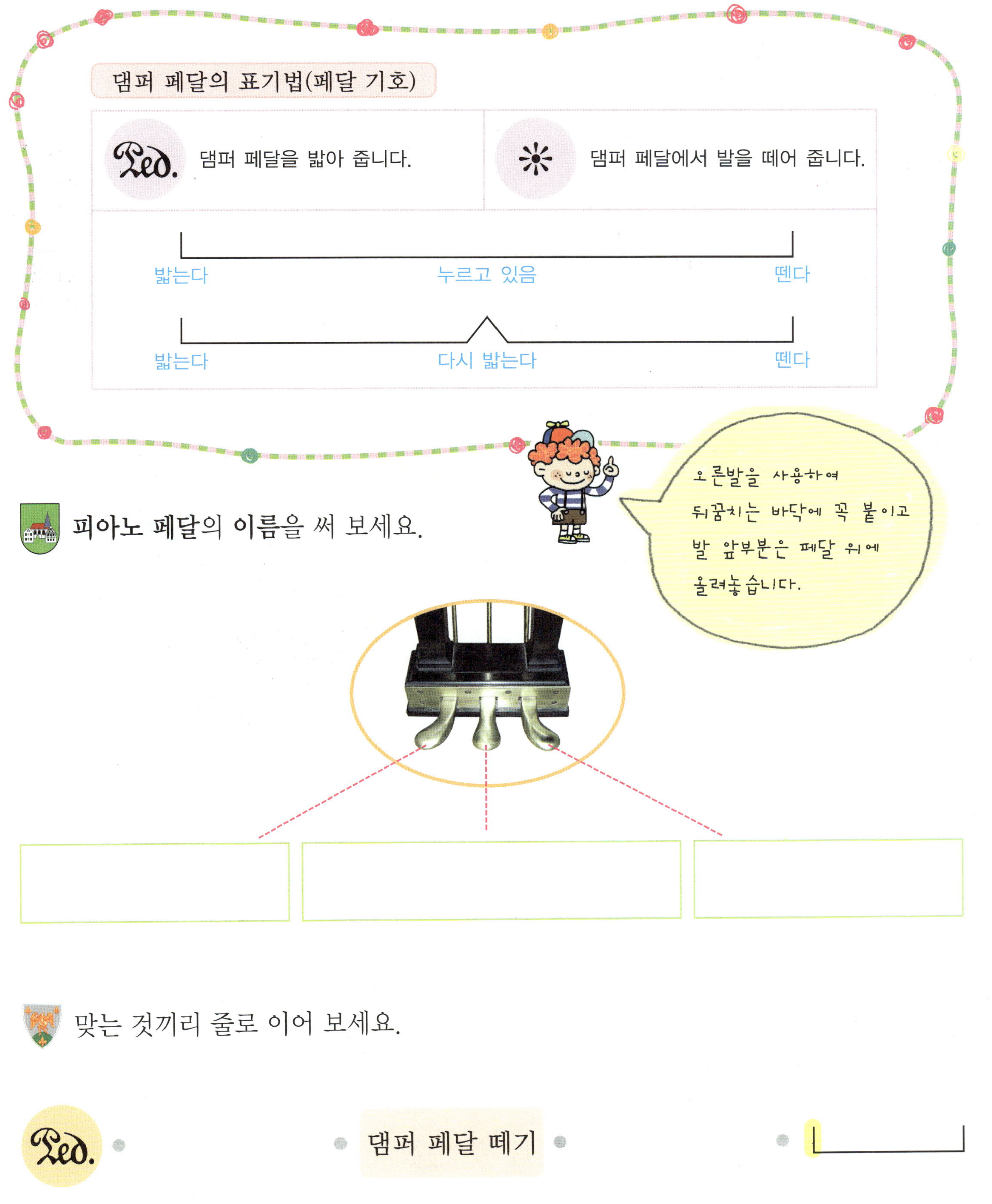

맞는 것끼리 줄로 이어 보세요.

Ped. ·   · 댐퍼 페달 떼기 ·

✳ ·   · 댐퍼 페달 밟기 ·

리코더

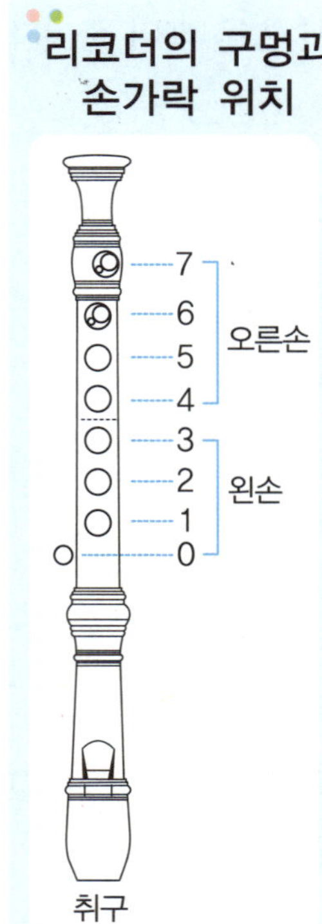

리코더는 지금으로부터 1000여년 전부터 연주되어 온 **관악기**예요. 여러 가지 종류의 리코더가 있지만 우리가 주로 연주하는 리코더는 **소프라노 리코더** 랍니다.

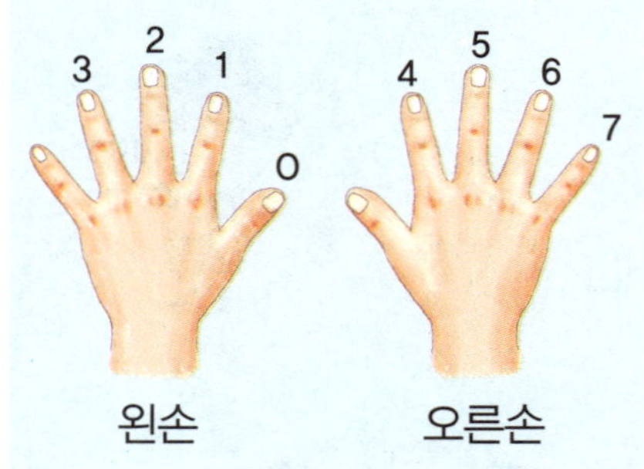

리코더 운지법

●: 막기
○: 열기

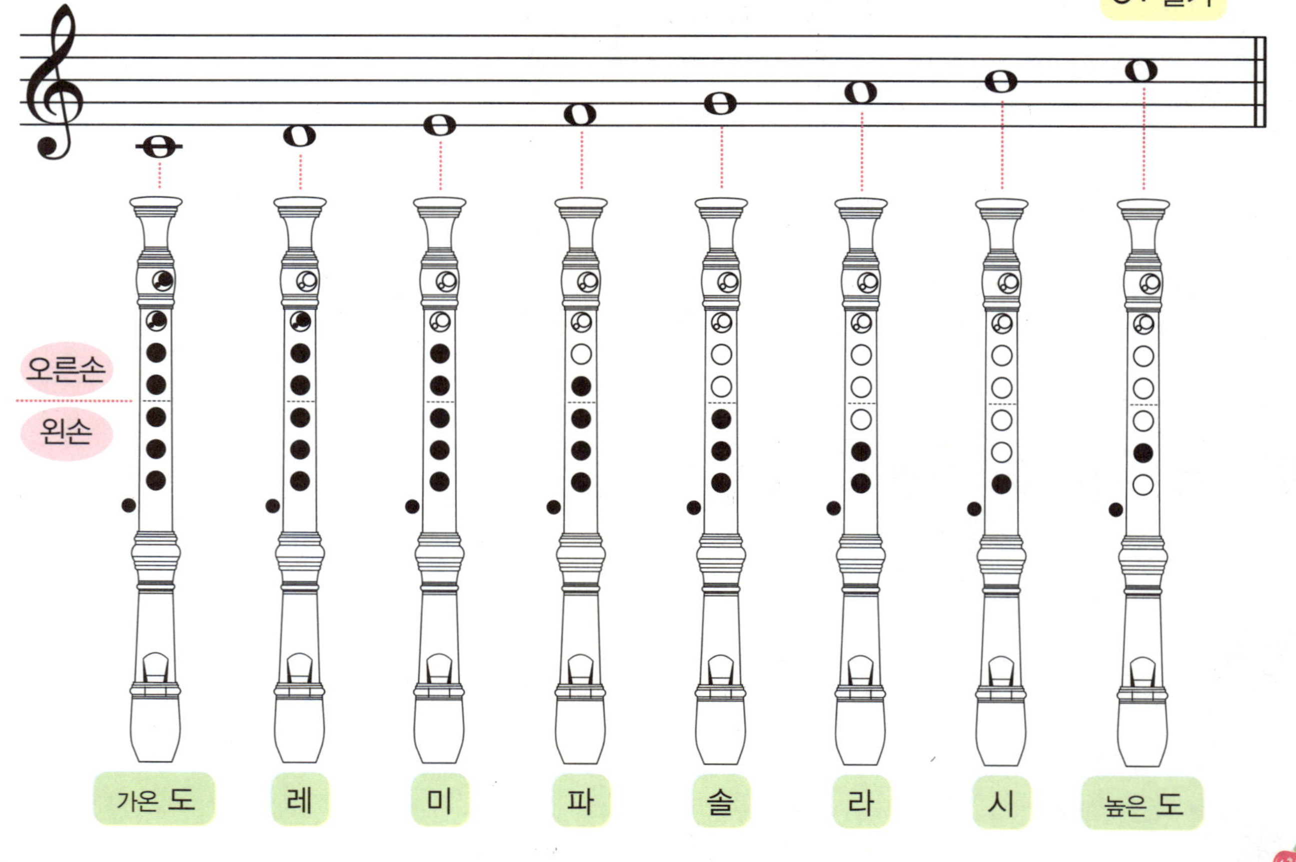

 **계이름**에 맞게 리코더에 색칠해 보세요.

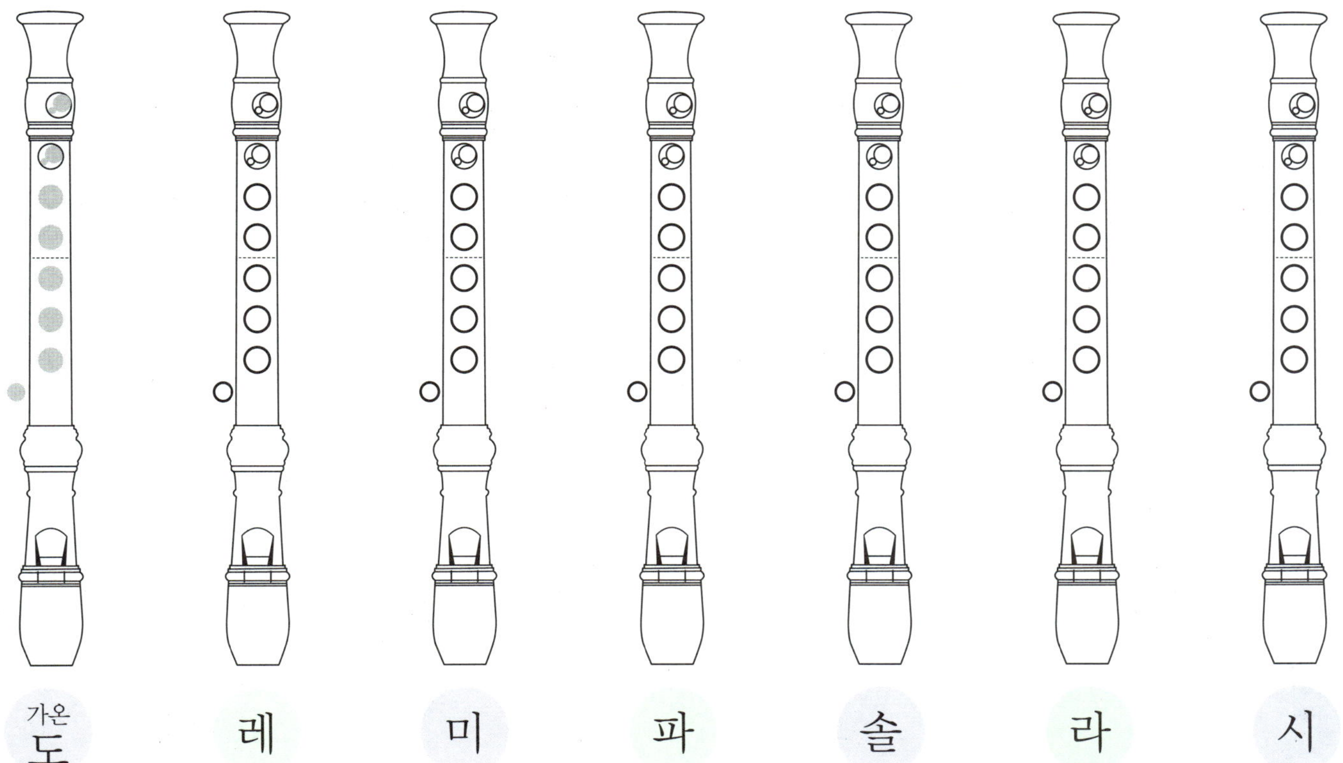

맞는 것에 ◯, 틀린 것에 ✕ 해 보세요.

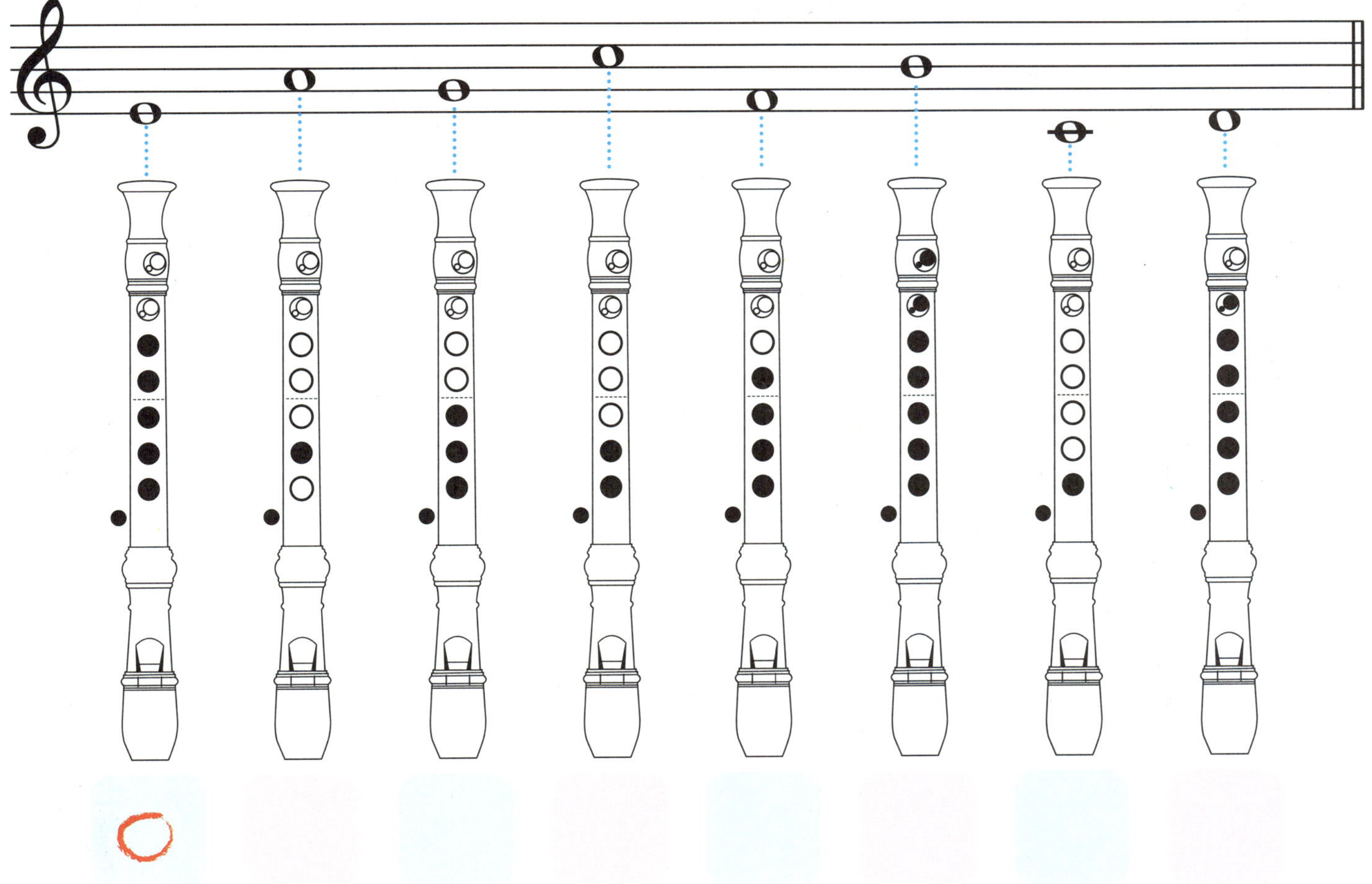

 운지법에 맞는 음을 **온음표**로 그리고, **계이름**도 써 보세요.

미

 맞는 것끼리 줄로 이어 보세요.

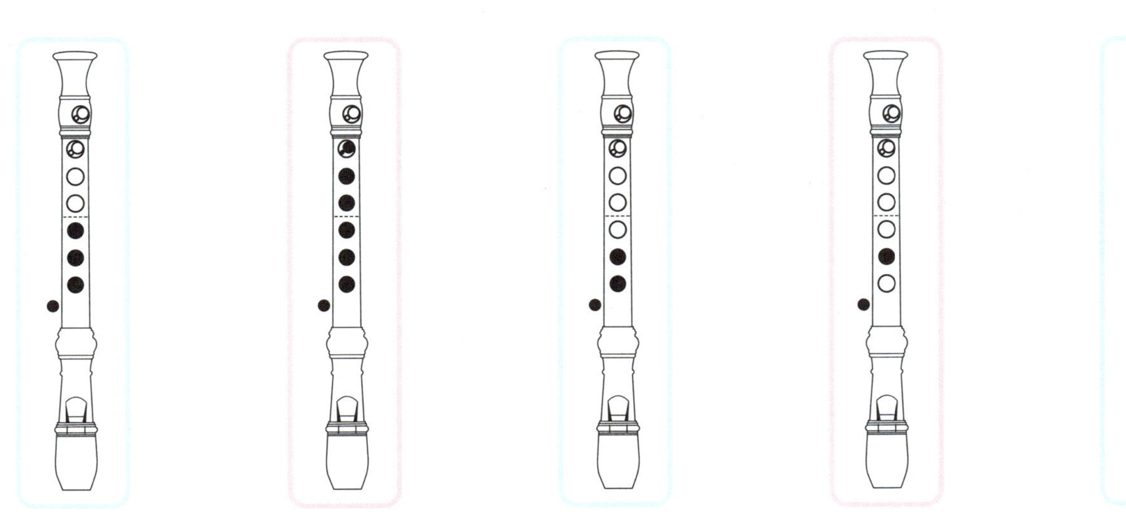

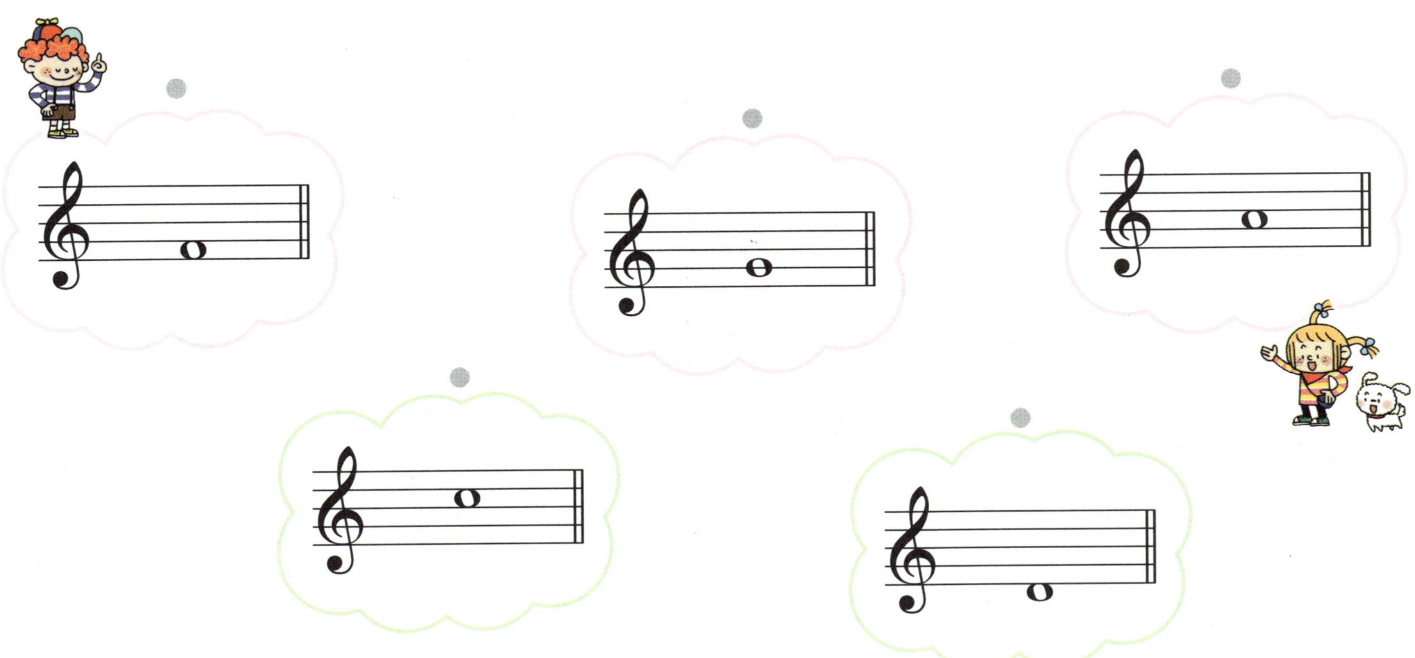

단소

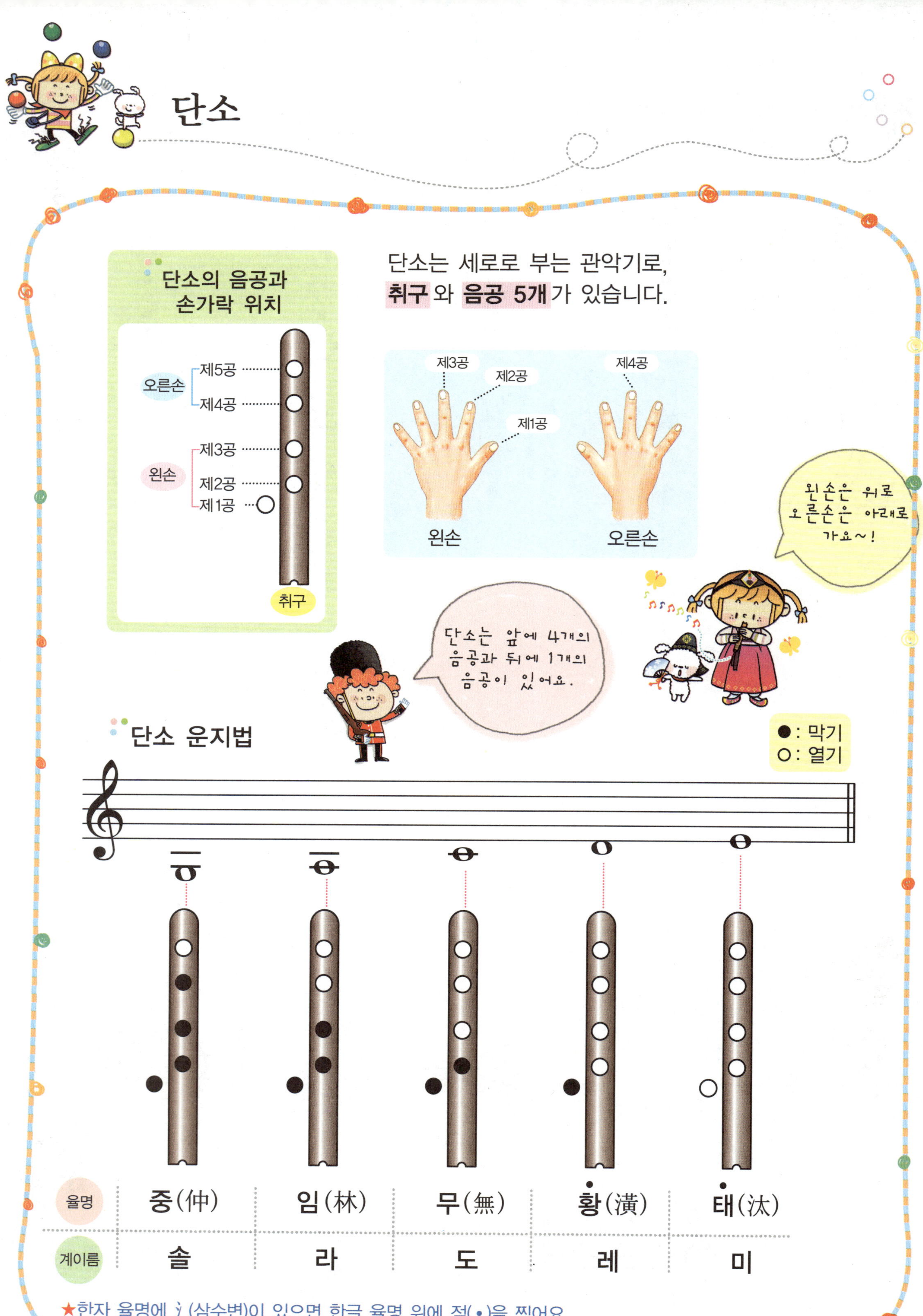

율명	중(仲)	임(林)	무(無)	황(潢)	태(汰)
계이름	솔	라	도	레	미

★한자 율명에 氵(삼수변)이 있으면 한글 율명 위에 점(•)을 찍어요.

 단소 각 부분의 **이름**을 써 보세요.

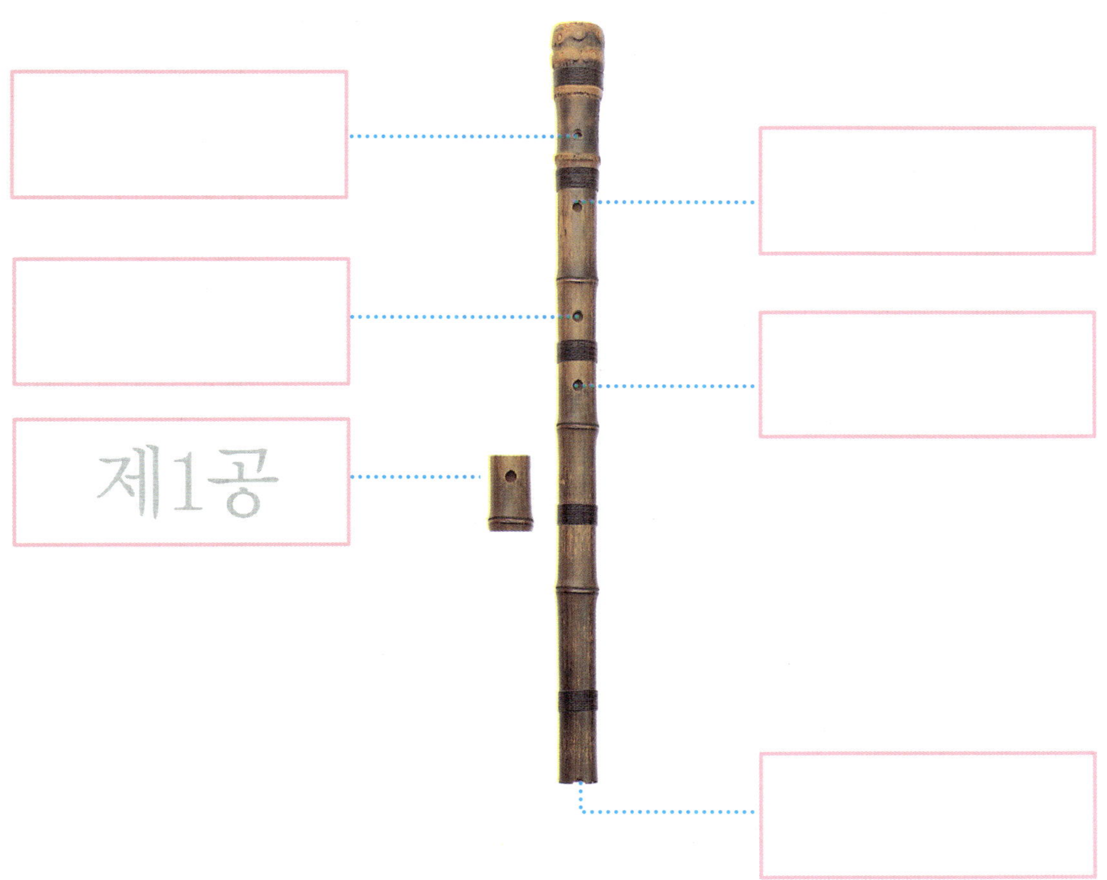

 빈칸에 **율명**과 **계이름**을 써 보세요.

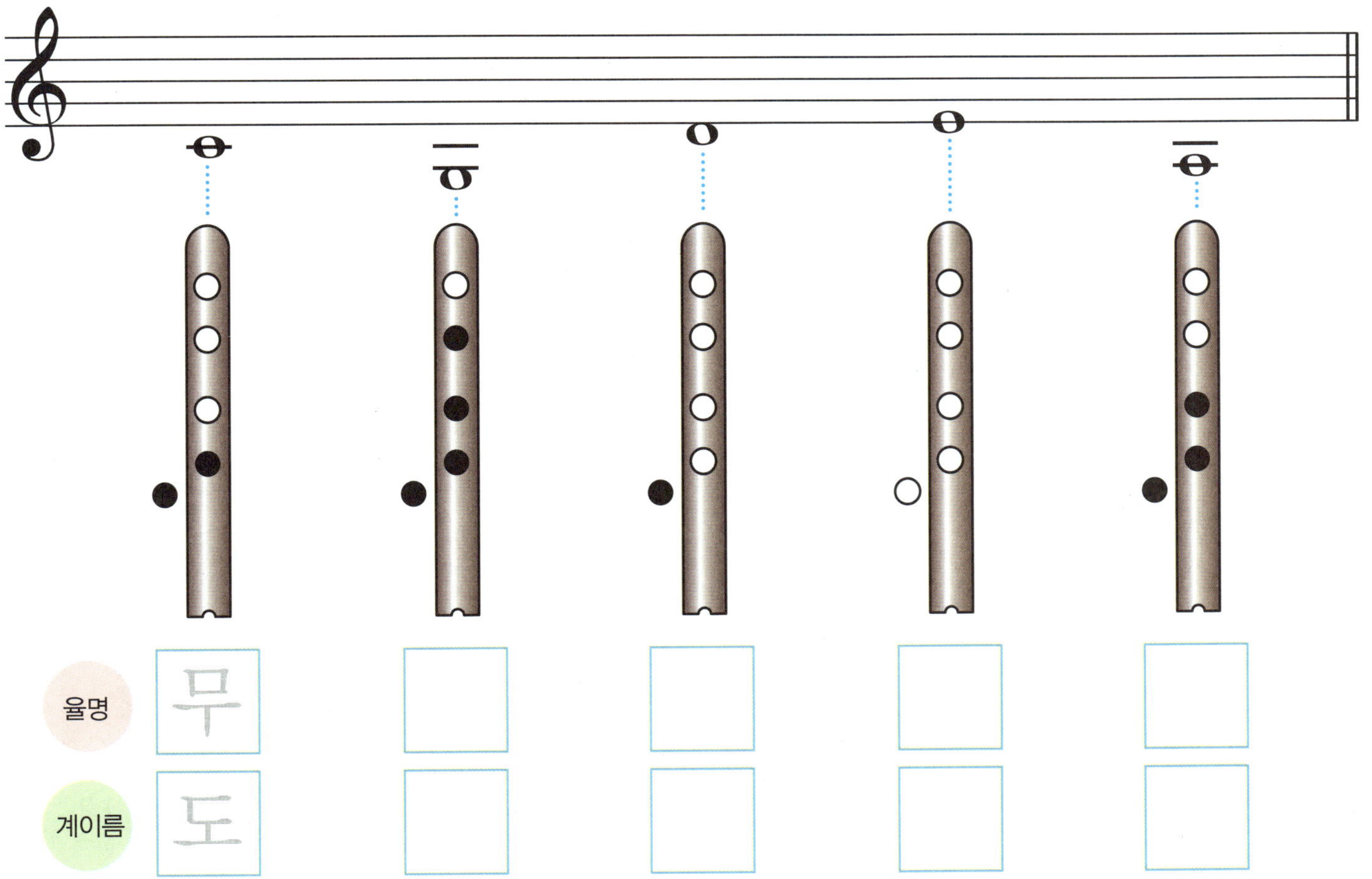

 맞는 것에 ◯, 틀린 것에 ✕해 보세요.

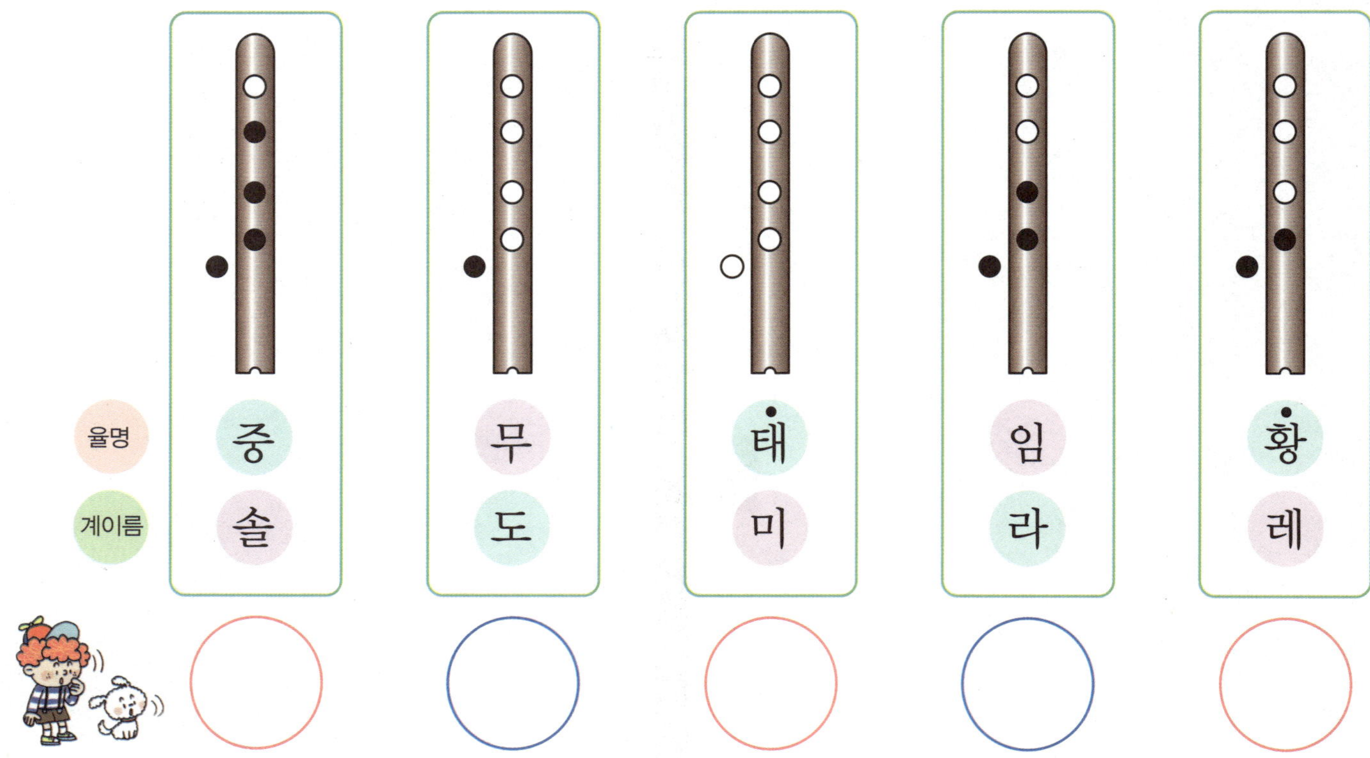

 율명에 맞게 **단소 음공**을 색칠해 보세요.

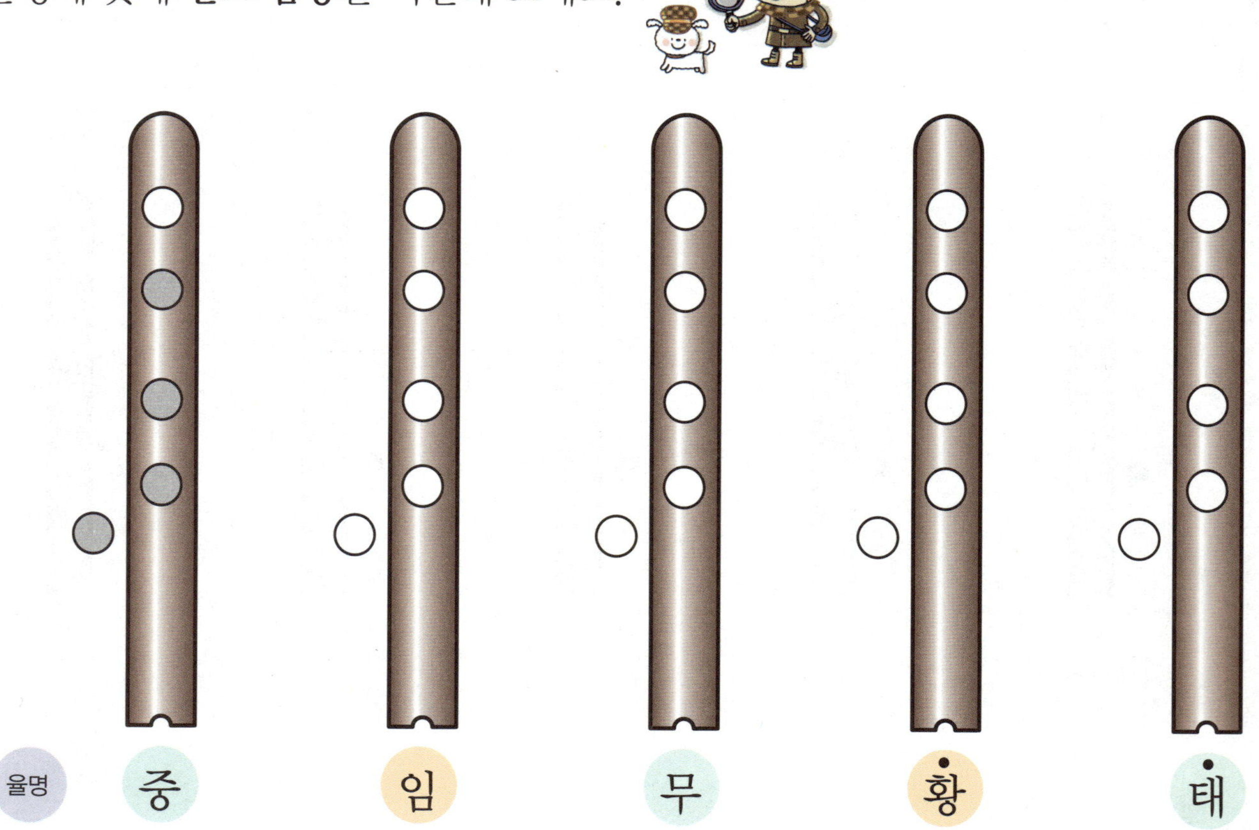

 맞는 것끼리 줄로 이어 보세요.

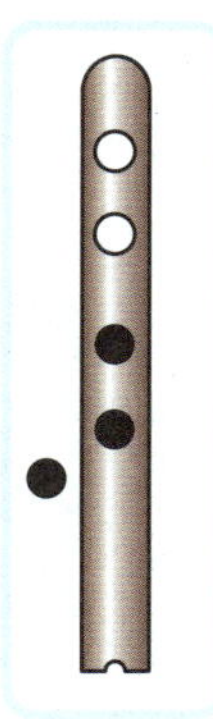

태

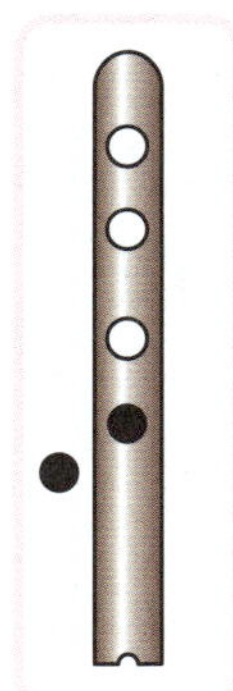

황

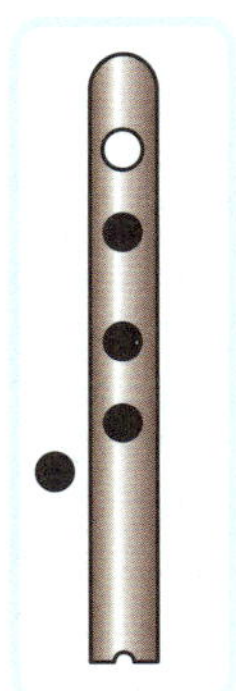

임

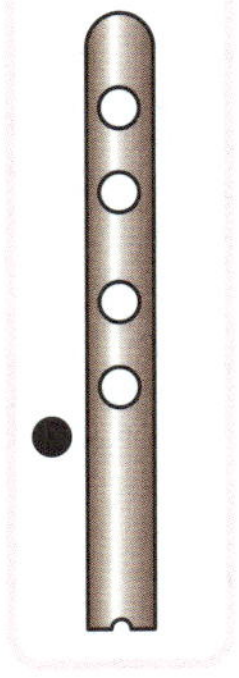

중

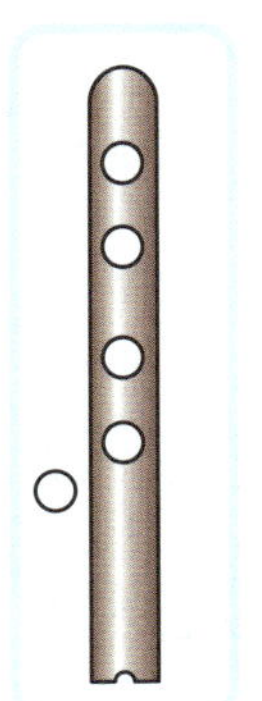

무

여행 다이어리
United kingdom

1. 표시된 페달의 설명으로 맞는 것은 무엇일까요? (   )

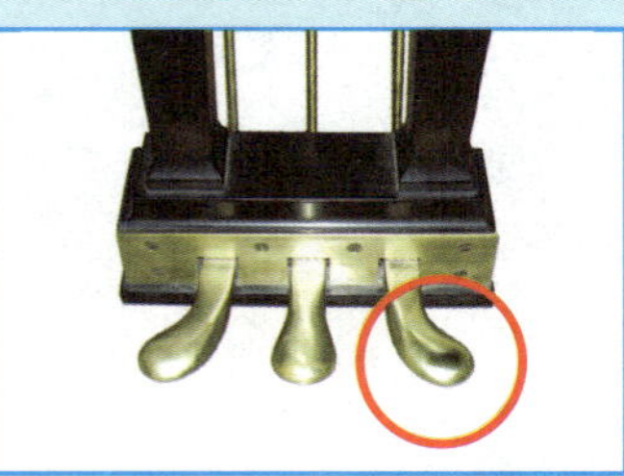

① 부드럽고 매우 여린 소리를 내게 한다.
② 누른 건반의 음만 작게 표현해준다.
③ 페달의 이름은 댐퍼 페달이다.
④ 소리를 톡톡 끊어지게 해준다.

2. 피아노 이름이 바른 것에 ◯, 틀린 것에 ✕ 해 보세요.

업라이트 피아노

디지털 피아노

그랜드 피아노

3. 리코더의 운지와 계이름으로 맞는 것은 무엇일까요? (   )

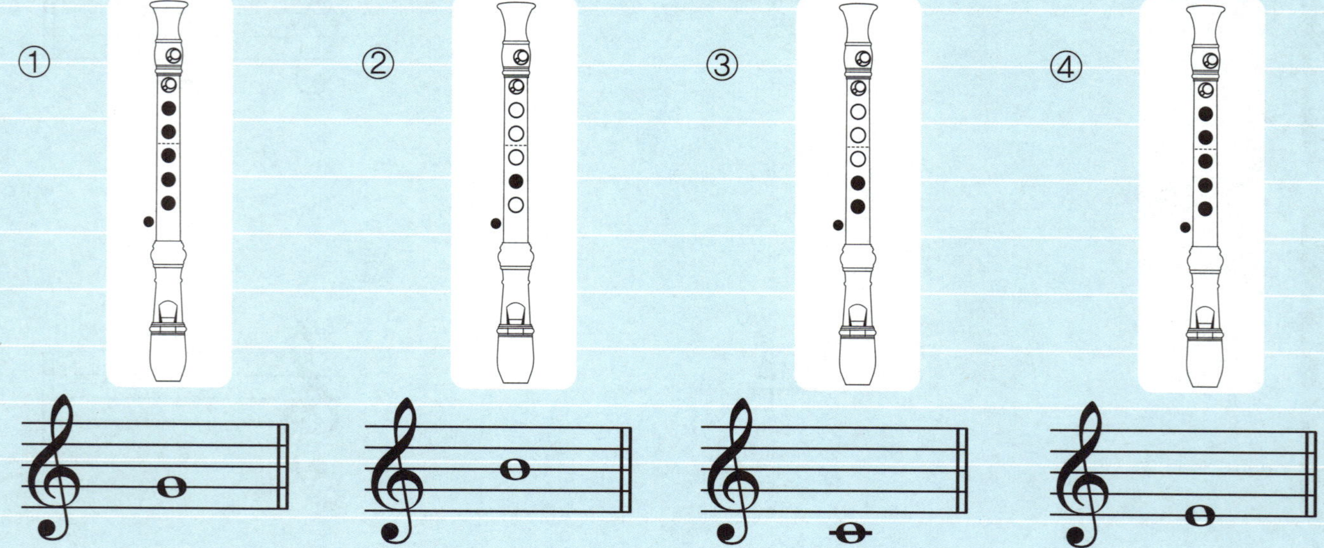

4. '댐퍼 페달 떼기'를 뜻하는 페달 기호는 무엇일까요? (   )

　　① ♯　　　② Ped.　　　③ <　　　④ ☀

5. 단소의 율명과 계이름으로 맞는 것은 무엇일까요? (   )

　　① 중(仲) – 솔　　② 무(無) – 미　　③ 임(林) – 레　　④ 태(汰) – 도

6. '미'음의 단소 운지는 무엇일까요? (   )

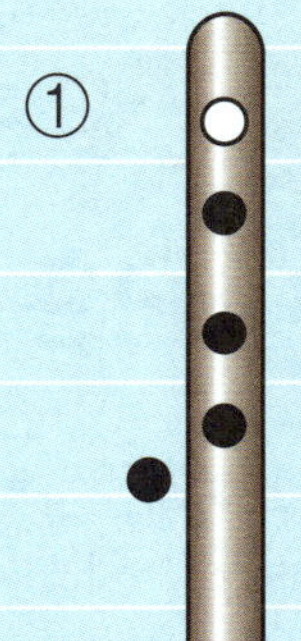  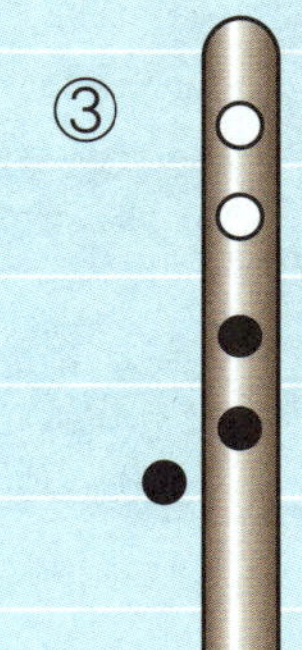 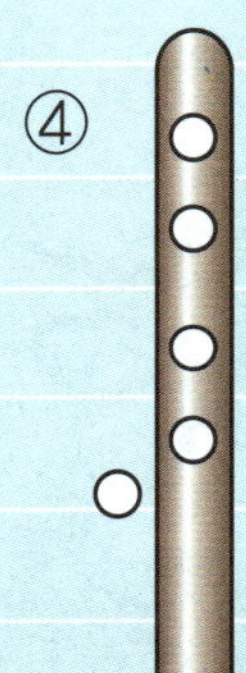

7. 다음 리코더 운지법에 맞는 음은 무엇일까요? (   )

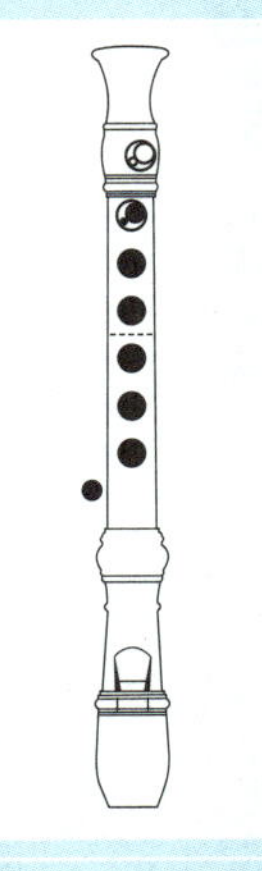    

4th-Day 넷째 날 버밍엄 Birmingham

공업의 도시 버밍엄

버밍엄은 영국 제2의 도시로 **블랙 컨트리**의 중심지인 공업도시랍니다.
영국은 18세기 말 산업혁명으로 유명한데, 버밍엄은 산업혁명 때 증기기관을 발명해 낸 **제임스 와트**와 그의 협력자 **볼턴**을 배출해 낸 도시에요.

▶ 버밍엄 전경

제임스 와트의 증기기관 ◀

5th-Day 다섯째 날 에든버러 Edinburgh

▶ 에든버러 페스티벌

스코틀랜드의 에든버러

옛 스코틀랜드 왕국의 수도이자, 현재 스코틀랜드 행정 문화의 중심지인 에든버러에 다녀왔어요.
프랑스의 왕비이자 스코틀랜드의 여왕이었던 메리 스튜어트의 비극적인 삶으로 유명한 궁전인 **홀리루드 하우스 궁전**을 구경하고 다음 여행지로 떠나기 전 우리는 음악과 연극을 비롯한 각종 문화행사가 열리는 **에든버러 페스티벌**에 참여했어요.

▶ 홀리루드 하우스 궁전

영국의 전통의상

오랜 전통을 지닌 영국의 전통의상은 스코틀랜드식 **킬트(kilt)**에요. 본래는 집안이나 신분을 나타내는 타탄체크 의상으로, 주로 스코틀랜드 북부의 사람들이나 군인이 착용했답니다.
킬트(kilt)는 남자만 입어요.

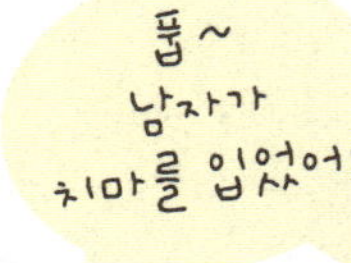

학문의 도시 옥스퍼드

▶ 옥스퍼드대학교

1904년 영국 총리에 취임을 하고, 제2차 세계
대전의 영웅이자 노벨문학상도 수상한 **처칠의
생가**가 있는 **옥스퍼드**! 둘째 날 여행했던 케임
브리지와 같이 옥스퍼드도 여러 대학들이 모여
옥스퍼드대학교라는 이름으로 운영되고 있어요!

▶ 애슈몰린 박물관

▶ 블렌하임 궁

▶ 본머스 시가지

정원 속에 만들어진 도시 본머스

수많은 공원과 정원들로 꾸며져 있고,
자연 과학 박물관과 **미술관**이 있는 **본머스**~!
영국 사람들이 가장 선호하는 해안 휴양지래요.
여기 본머스에 오니까 호주 여행 때 케언스의
그레이트 베리어 리프가 생각나는거 있죠?
우리는 마지막 여행지인 본머스에서
아주 신나고, 재미있는 추억들을 많이 남기고 왔답니다.

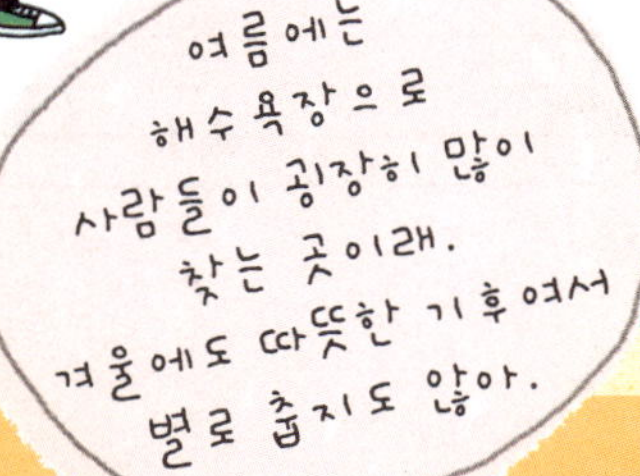

개와 차의 나라 영국

영국 사람들은 개를 가족처럼 사랑해요.
애완동물을 기르는 사람 중에 대부분은 개나
고양이의 생일을 챙겨주고 어떤 사람들은 일을
하다가 가끔 집에 전화를 걸어 애완동물과 이
야기를 한다고 해요! 또 영국은 하루 두 번의
차 마시는 시간이 있답니다.

영국은 **개**와 **차**를 좋아하는 나라에요!

메이저(Major) 코드 네임

메이저(Major) 코드는 연속된 5음의 **1, 3, 5**번째 음으로 이루어진 화음을 말합니다.

메이저 코드 네임은 밑음의 영어 음이름을 대문자로 나타냅니다.

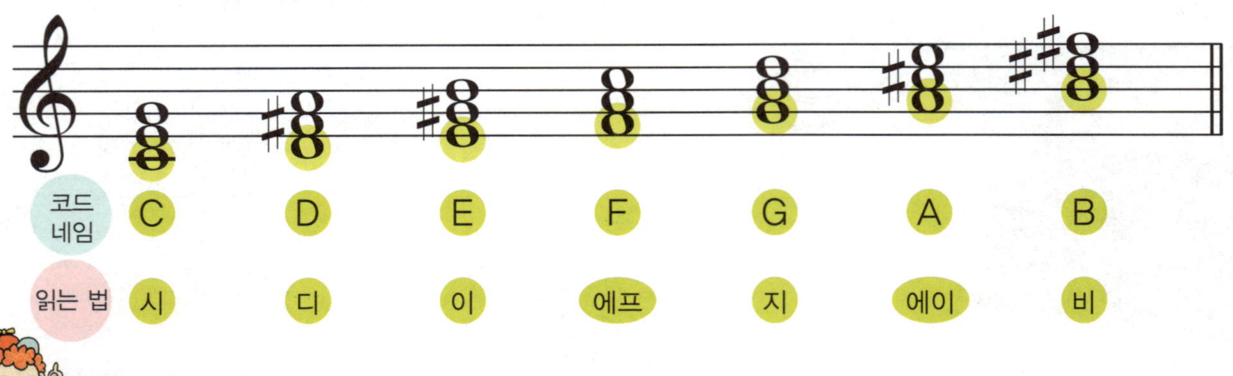

메이저(Major) 코드는 피아노로 연주하면 밝고 명랑한 느낌이 나요.

온음에는 ⌣, 반음에는 ⌵ 를 그리고, **코드 네임**을 써 보세요.

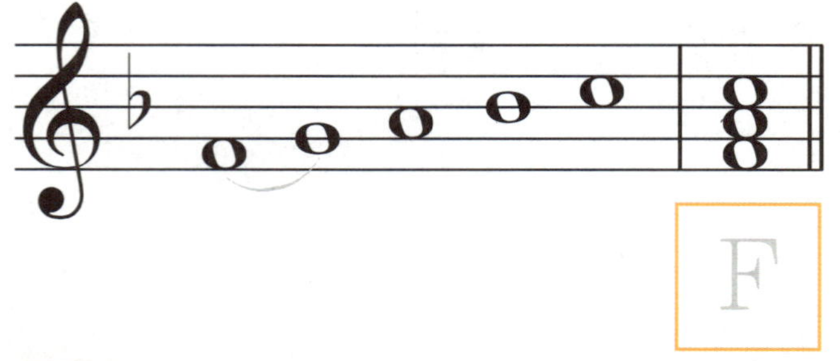

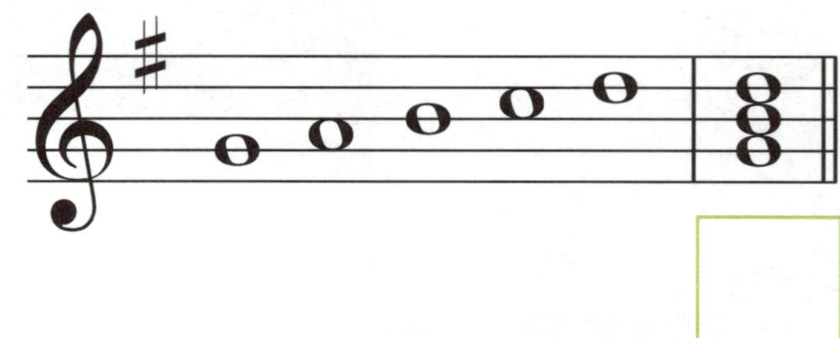

따라 그리고, **코드 네임**을 써 보세요.

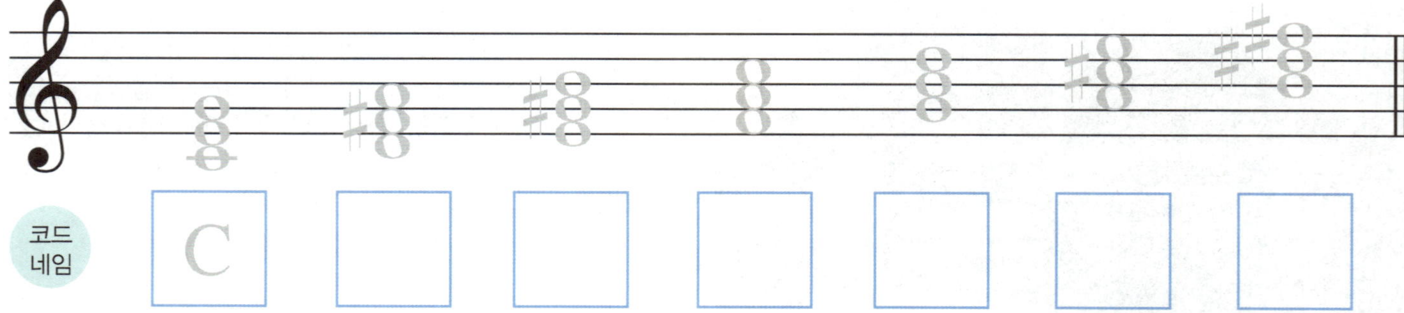

코드
네임   C

 **코드 네임을 써 보세요.**

 **메이저(Major) 코드를 찾아 ◯ 해 보세요.**

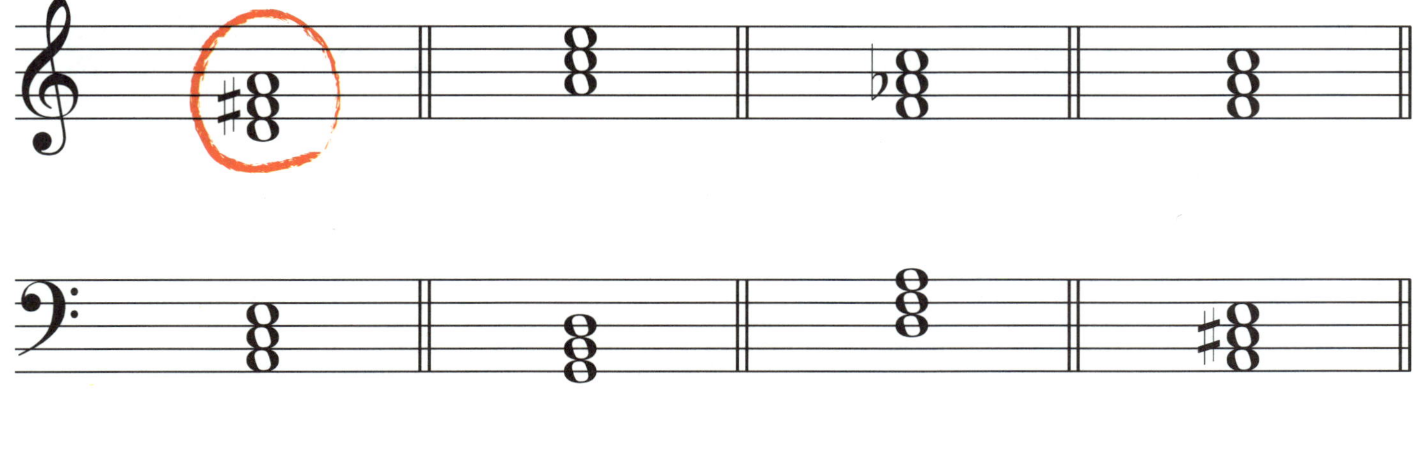

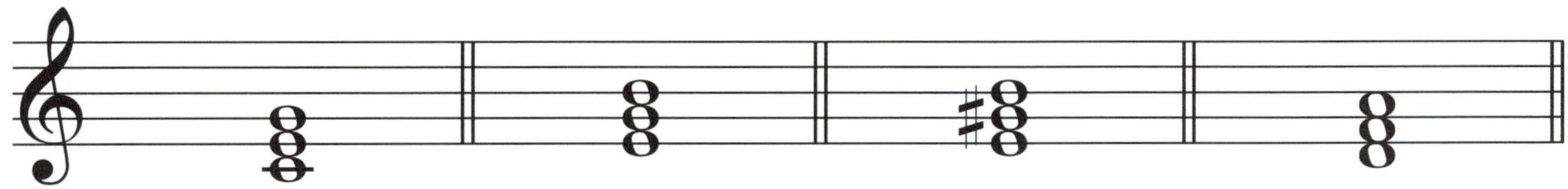

마이너(minor) 코드 네임

마이너(minor) 코드는 메이저 코드의 3음을 반음 내린 화음을 말합니다.

마이너 코드 네임은 메이저 코드와의 구분을 위해 밑음의 음이름에
마이너(minor)의 첫글자 'm'을 붙여서 나타냅니다.

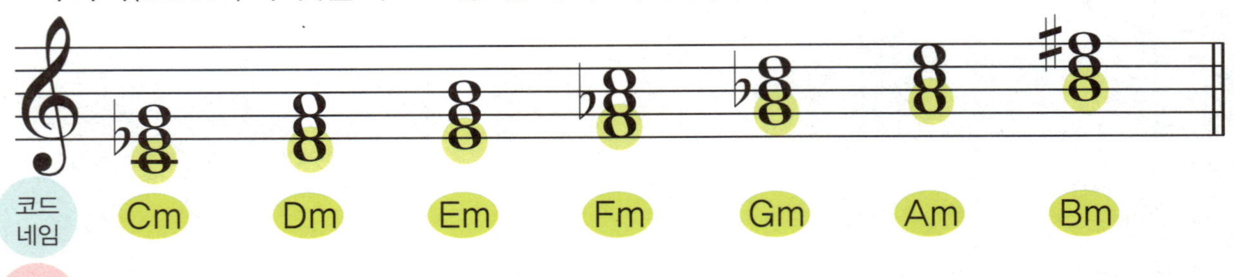

**마이너(minor) 코드**는 피아노로 연주하면 어둡고 쓸쓸한 느낌이 나요.

온음에는 ⌣ , 반음에는 ⌄ 를 그리고, **코드 네임**을 써 보세요.

따라 그리고, **코드 네임**을 써 보세요.

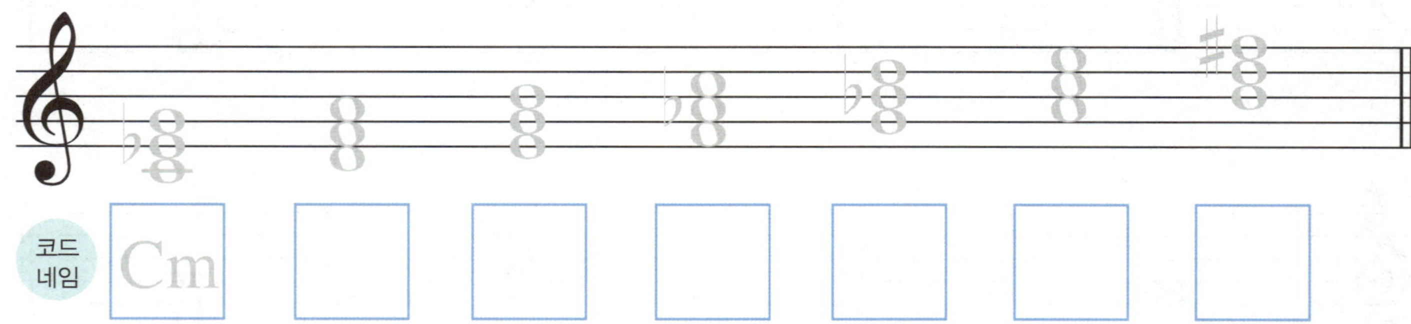

 **코드 네임을 써 보세요.**

 **마이너(minor) 코드를 찾아 ◯ 해 보세요.**

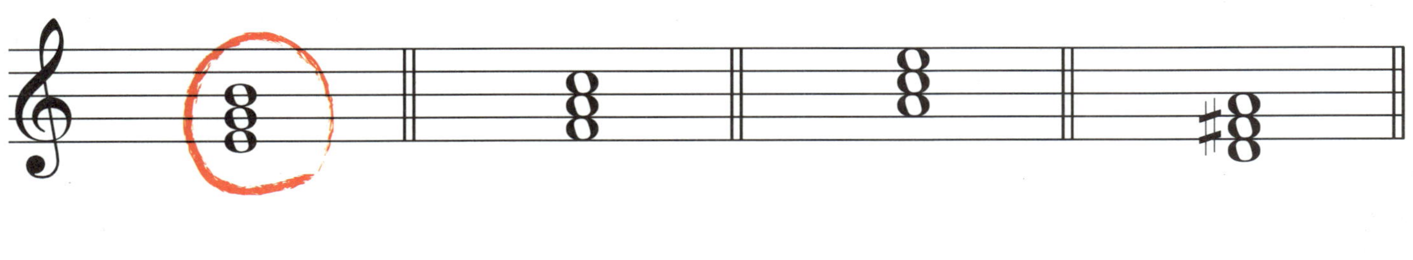

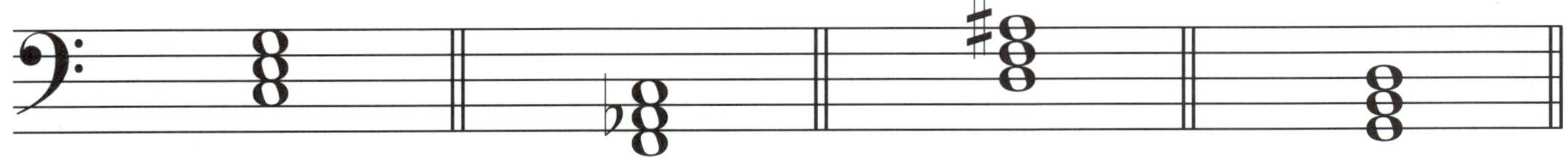

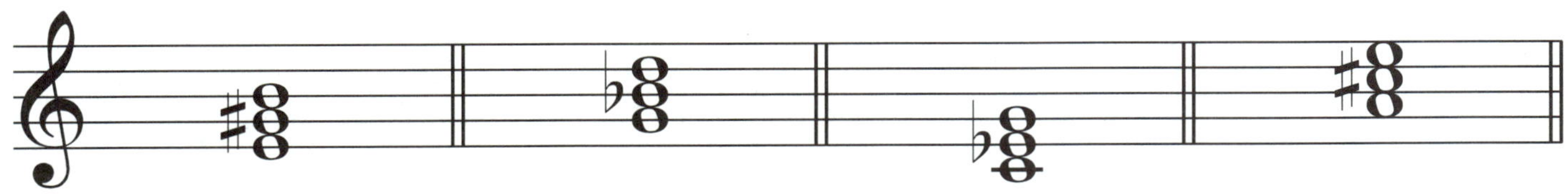

도미넌트 세븐스(Dominant 7th) 코드 네임

도미넌트 세븐스(Dominant 7th) 코드는 장음계에서 7번째 음을 반음 내린 음계의 1, 3, 5, 7번째 음으로 이루어진 화음을 말합니다.

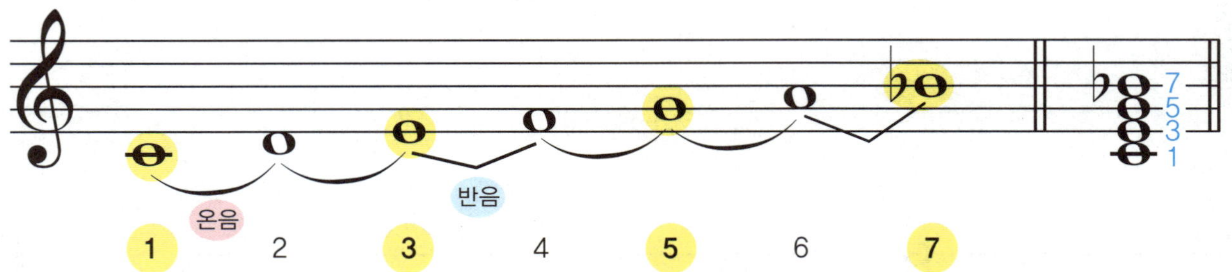

도미넌트 세븐스 코드 네임은 밑음의 음이름에 숫자 '7'을 덧붙여서 나타냅니다.

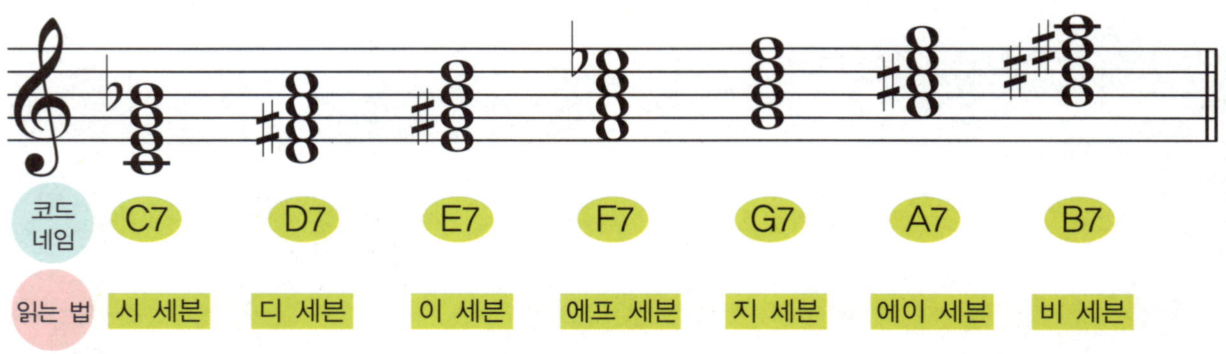

온음에는 ⌣, 반음에는 ⌵ 를 그리고, **코드 네임**을 써 보세요.

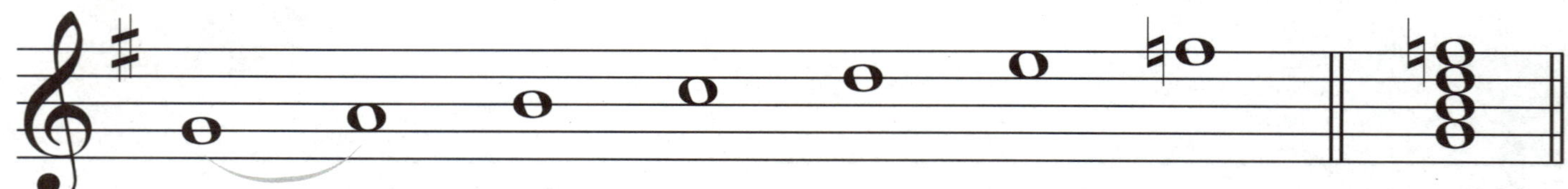

따라 그리고, **코드 네임**을 써 보세요.

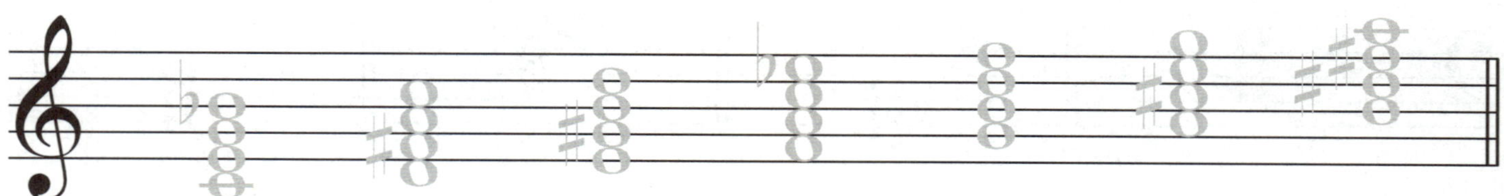

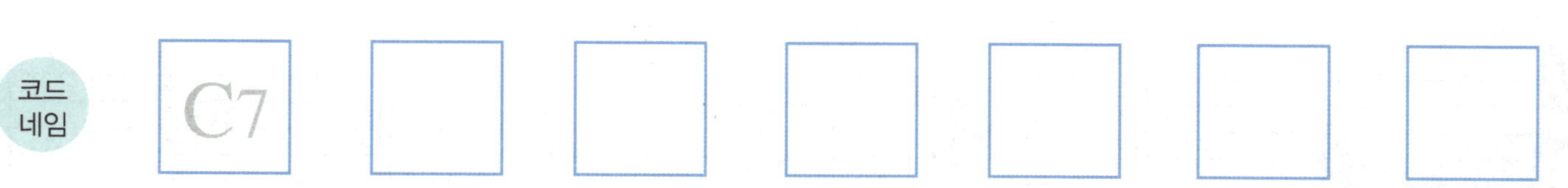

 코드 네임을 써 보세요.

 도미넌트 세븐스 코드를 찾아 ◯ 해 보세요.

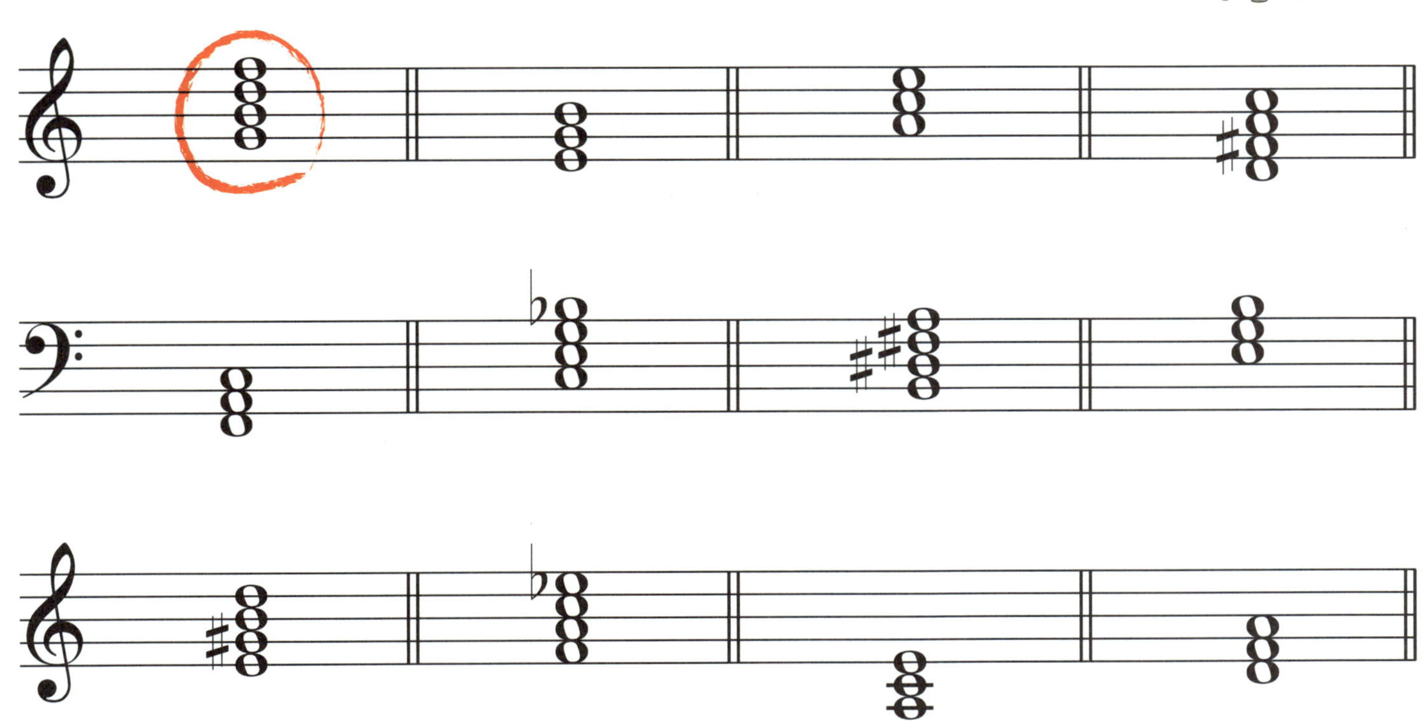

코드의 자리바꿈

코드의 진행을 자연스럽게 하기 위해서 밑음 이외의 음이
제일 아래에 오는 것을 **코드의 자리바꿈**이라고 합니다.

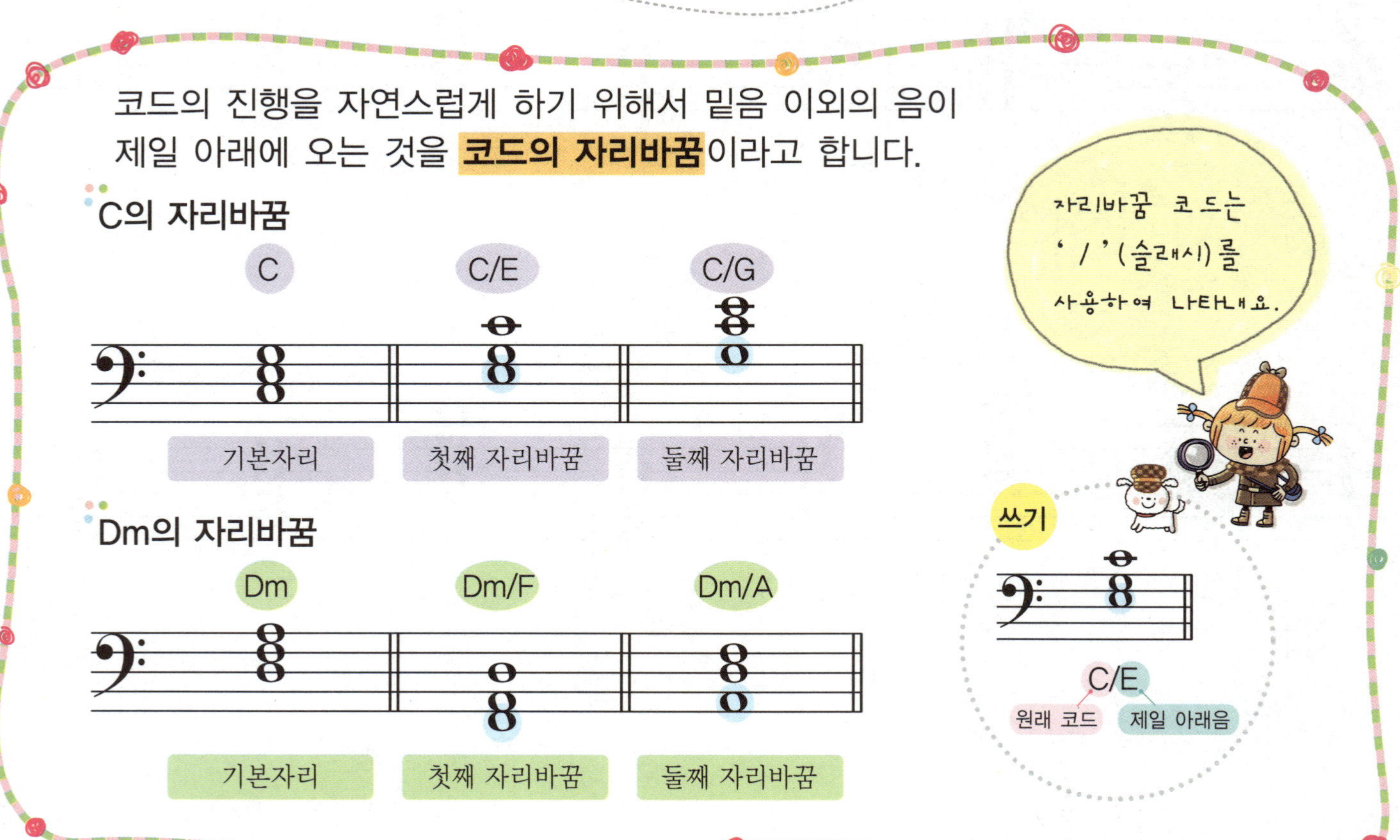

코드의 **자리바꿈**을 따라 그리고, **코드 네임**을 써 보세요.

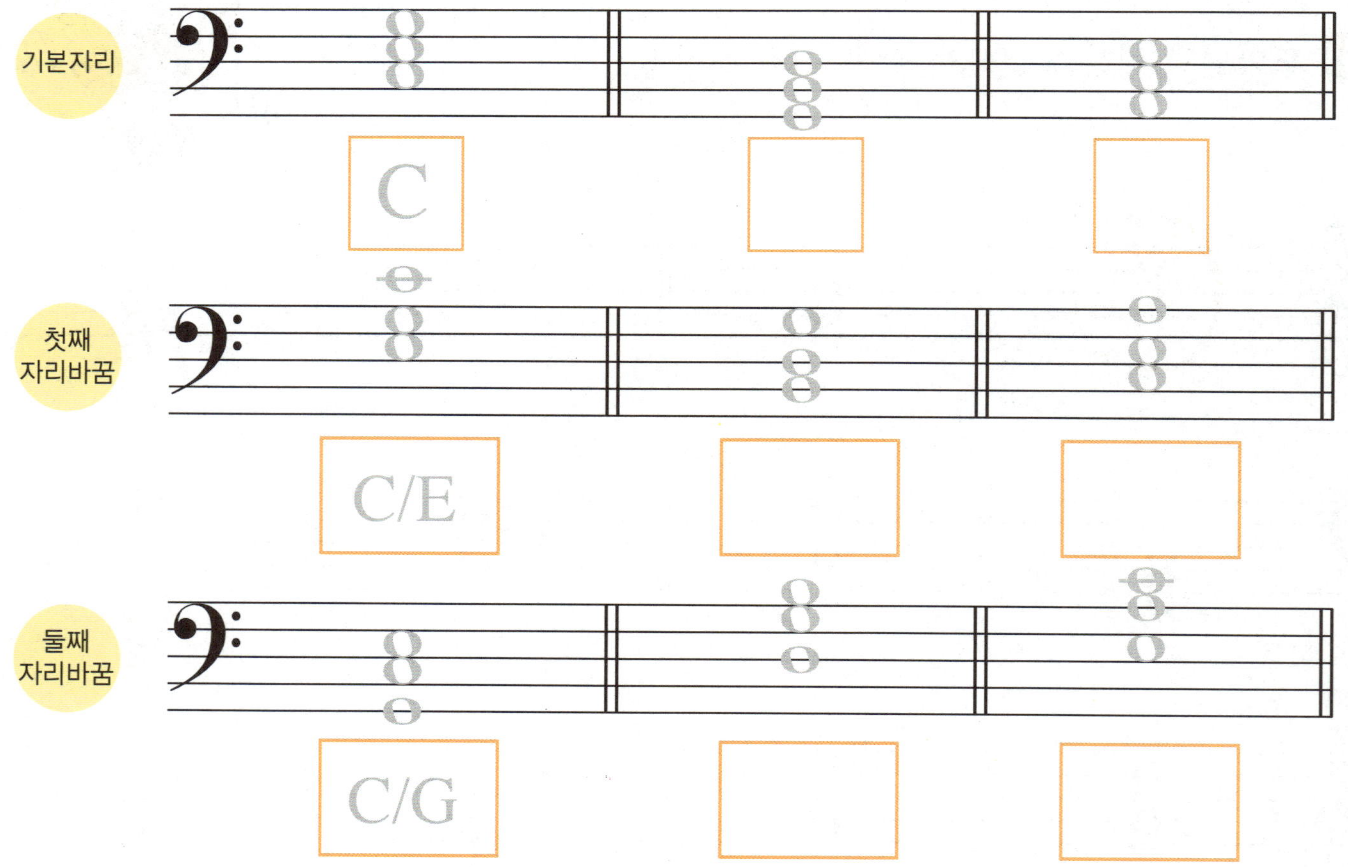

 ' / '를 사용하여 알맞은 **코드 네임**을 써 보세요.

 주어진 **코드 네임**에 알맞은 음을 **온음표**로 그려 보세요.

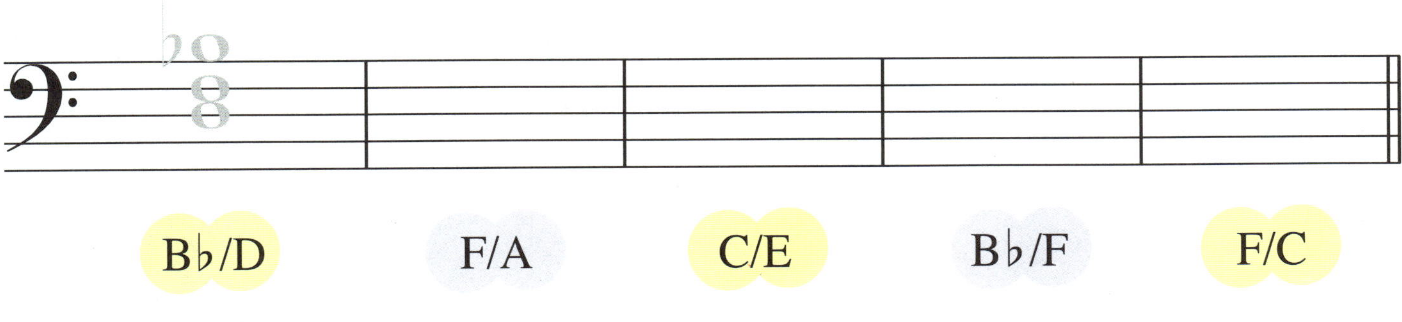

다장조의 코드 네임

C Dm Em F G (G7) Am Bm(♭5)

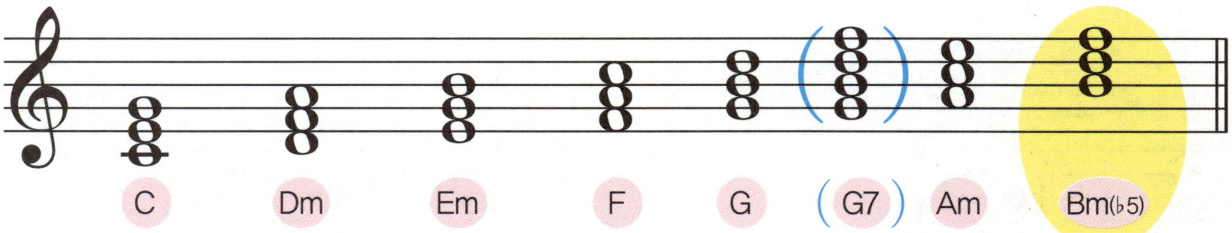

이 코드는 '디미니쉬드' (diminished) 코드라고 해요.

사장조의 코드 네임

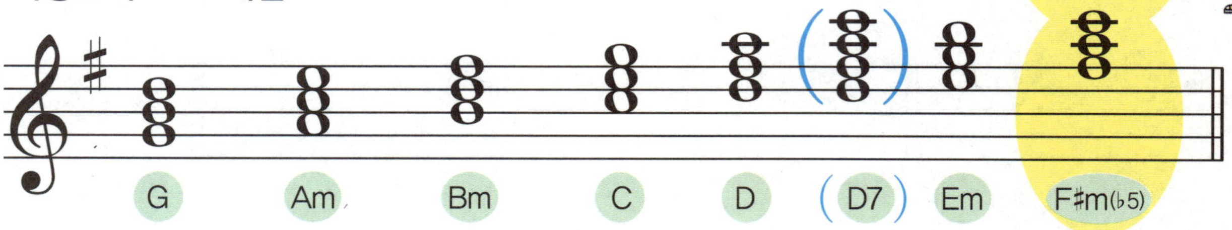

G Am Bm C D (D7) Em F#m(♭5)

따라 그리고, **코드 네임**을 써 보세요.

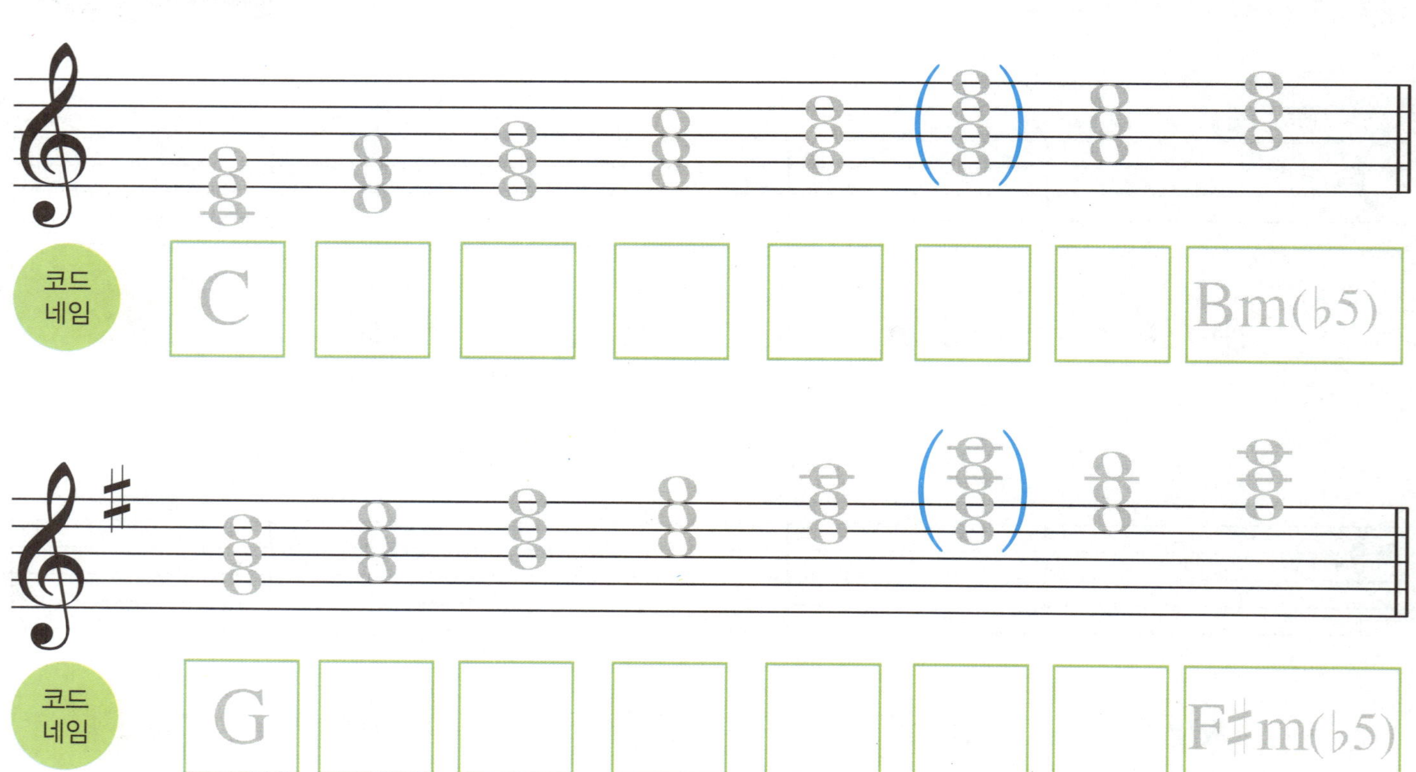

 맞는 것에 ◯, 틀린 것에 ✕ 해 보세요.

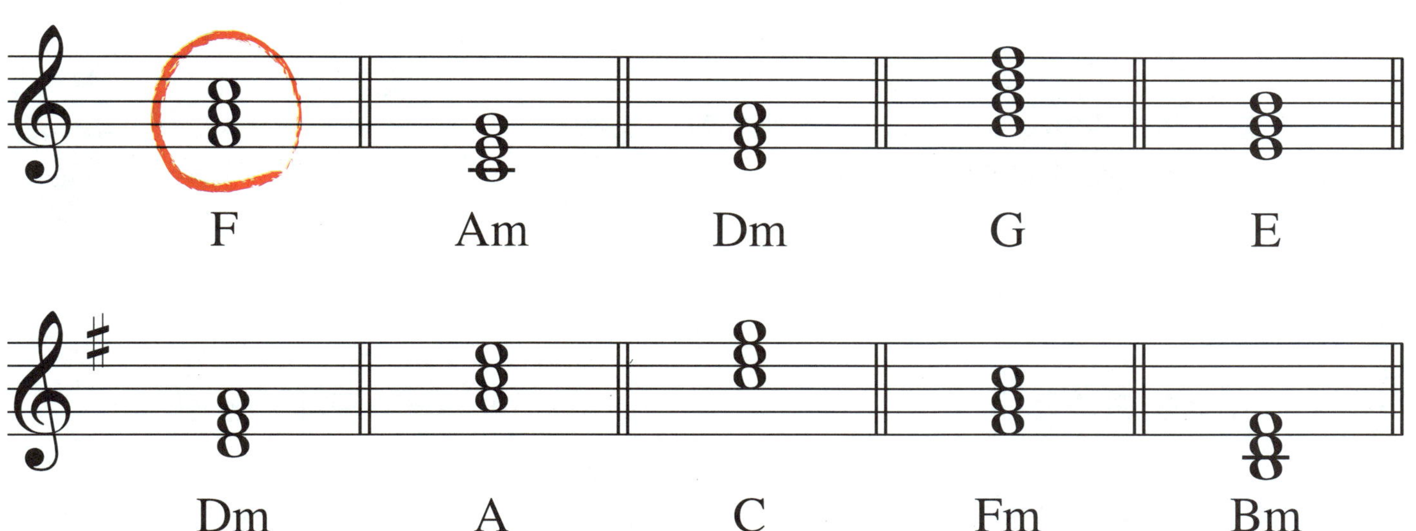

맞는 것끼리 줄로 이어 보세요.

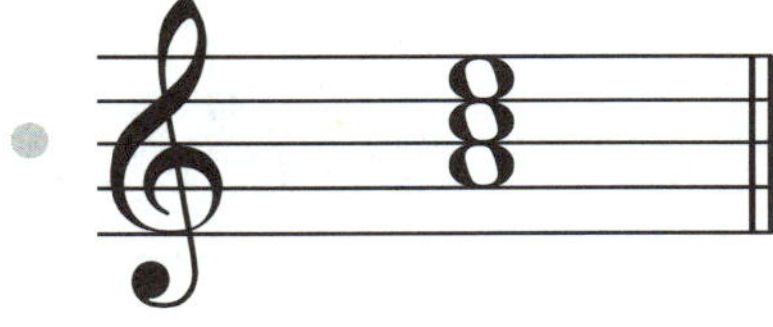

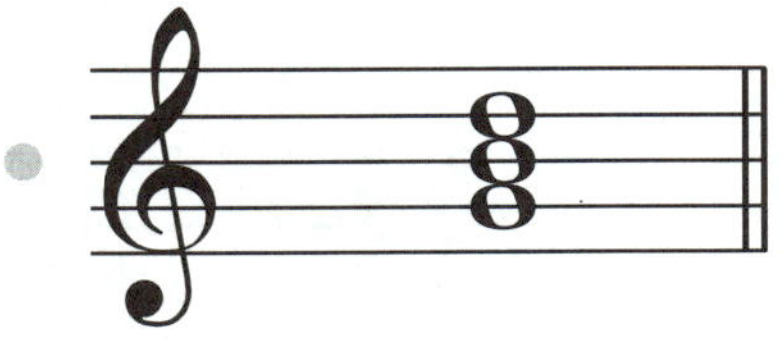

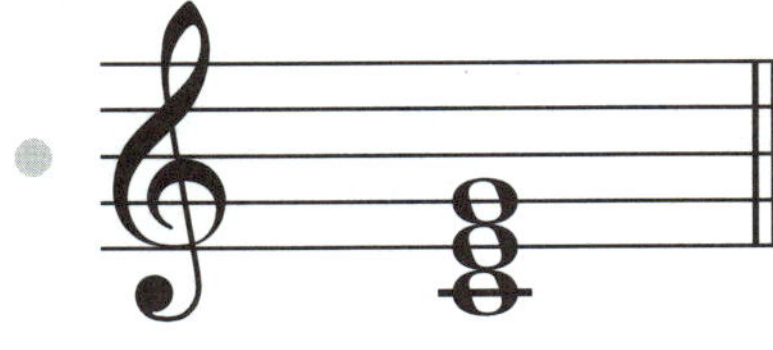

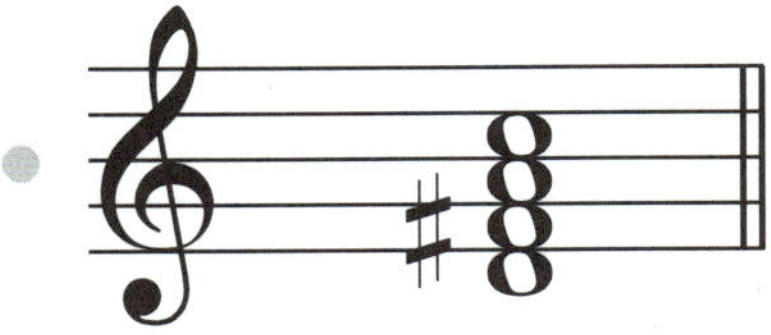

마침꼴(종지)

곡을 끝내거나 중간에 단락을 구분하기 위한 화음 연결을 **마침꼴(종지)** 이라고 합니다.

1. 바른마침(정격 종지)

곡을 끝마칠 때 가장 많이 사용하는 마침꼴(종지)입니다.

2. 벗어난마침(변격 종지, 아멘 종지)

버금딸림화음과 으뜸화음이 사용되는 마침꼴(종지)입니다.

3. 반마침(반종지)

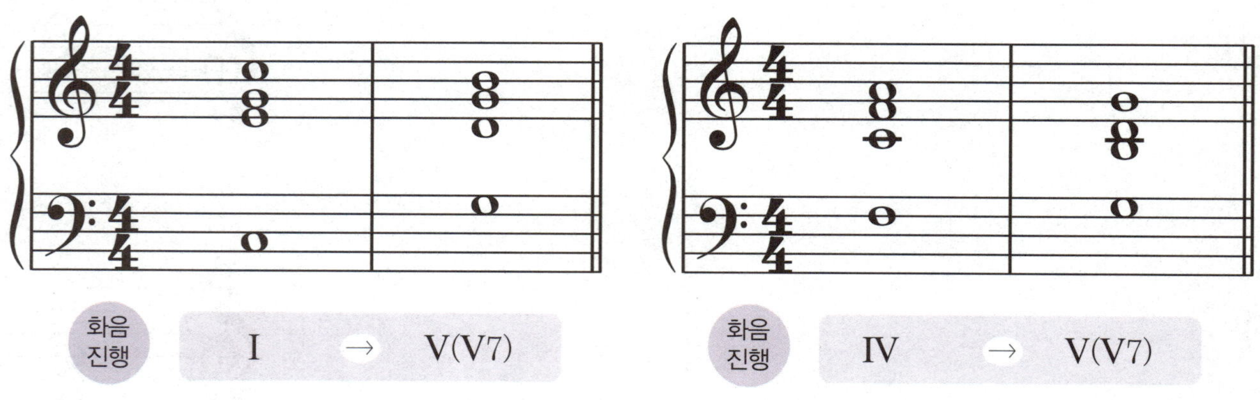

곡의 중간 부분(작은 악절의 끝부분)에서 사용되는 마침꼴(종지)입니다.
곡이 계속적으로 이어지는 느낌을 주고 싶을 때 사용한답니다.

 화음 진행과 **마침꼴(종지)**의 이름을 써 보세요.

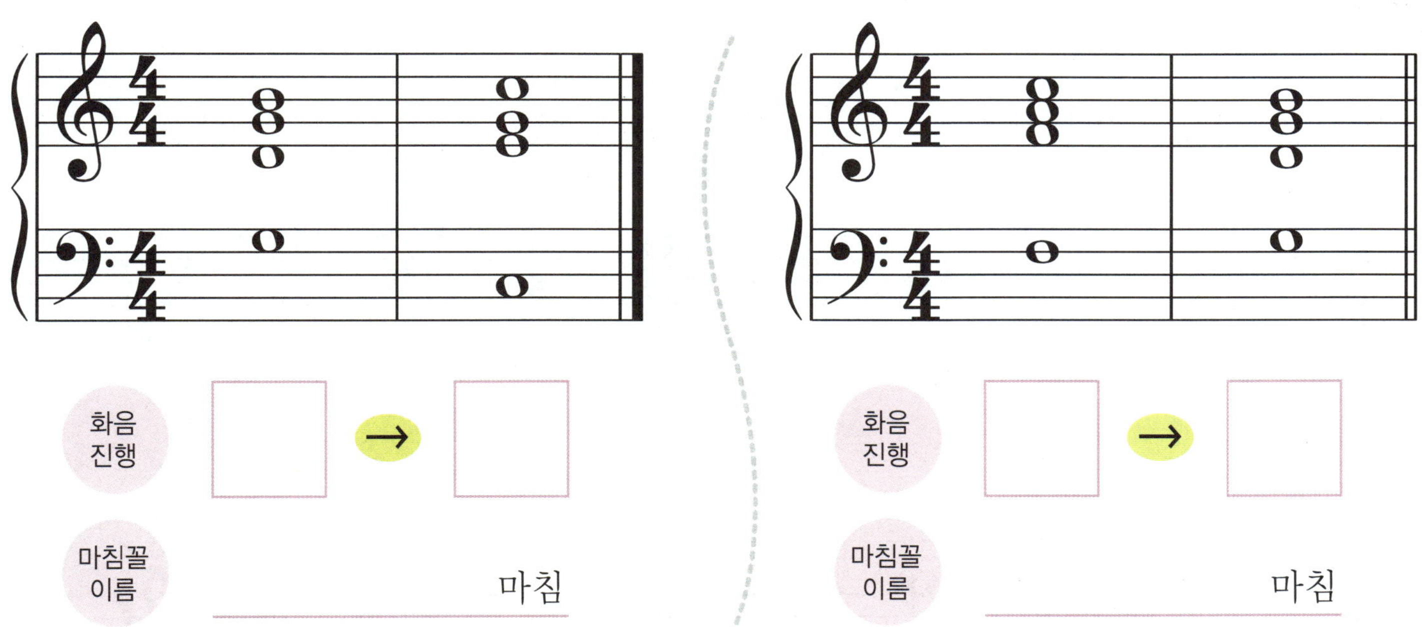

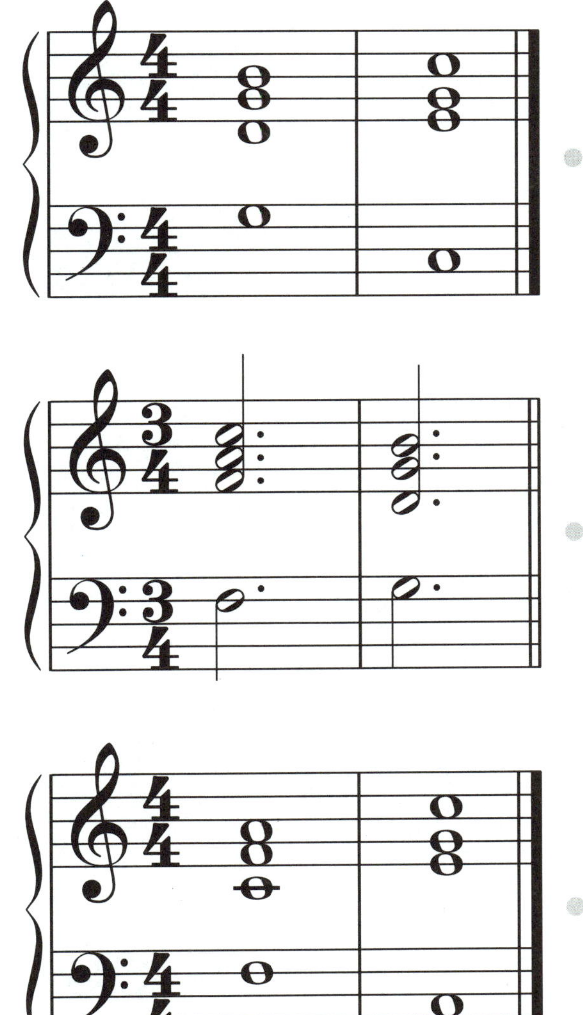 맞는 것끼리 줄로 이어 보세요.

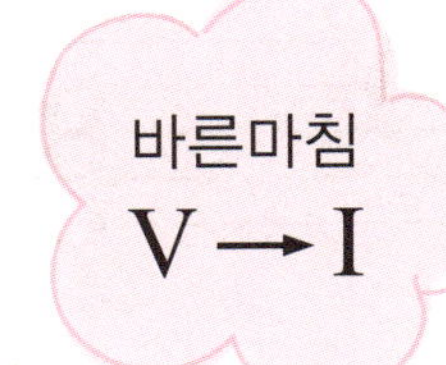

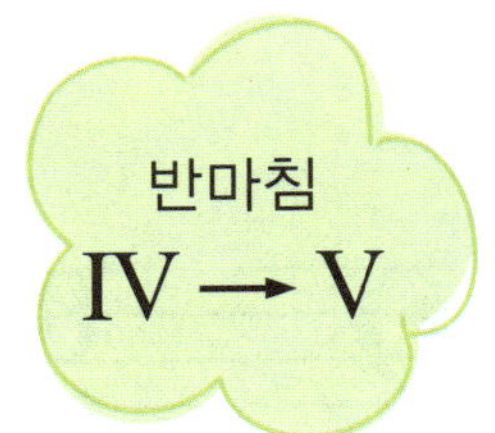

코드와 마침꼴 다시보기

 코드 네임을 써 보세요.

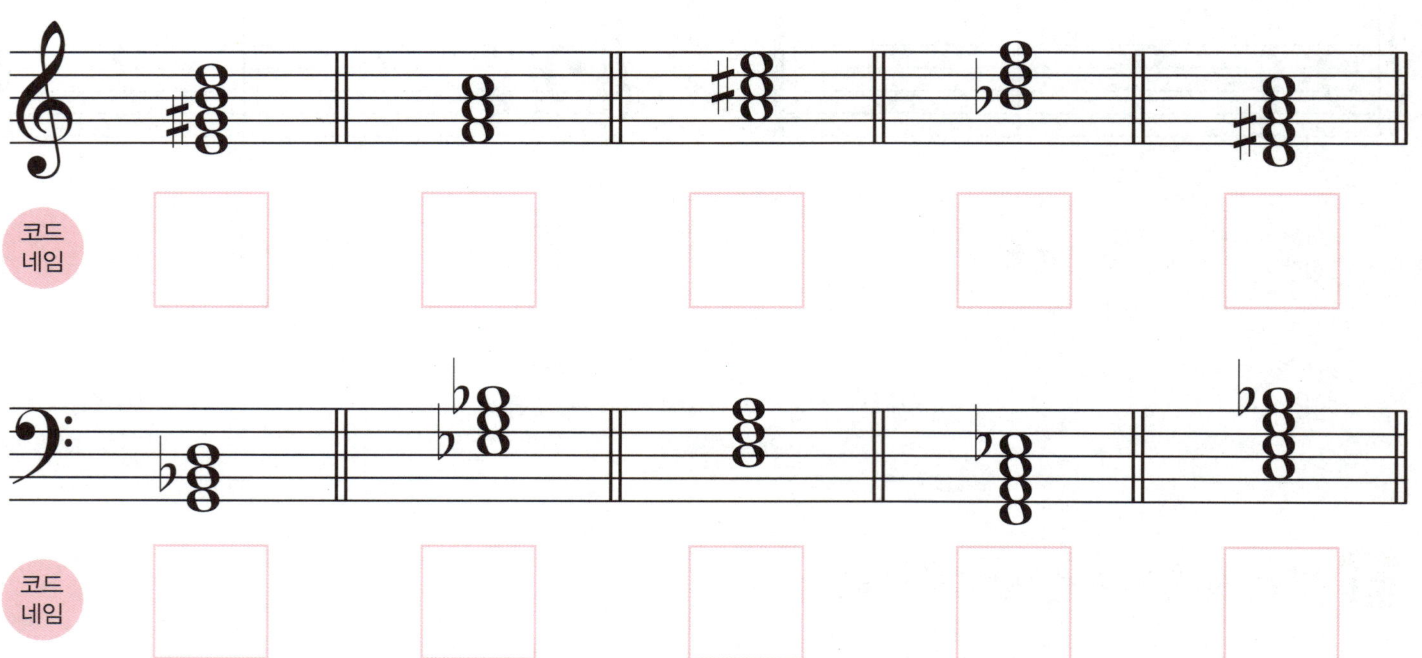

 맞는 것끼리 줄로 이어 보세요.

 맞는 것에 ◯, 틀린 것에 ✕ 해 보세요.

V7 – I 바른마침	◯	**I – V** 반마침	
IV – V 벗어난마침		**IV – I** 바른마침	
I – V7 바른마침		**V – I** 반마침	

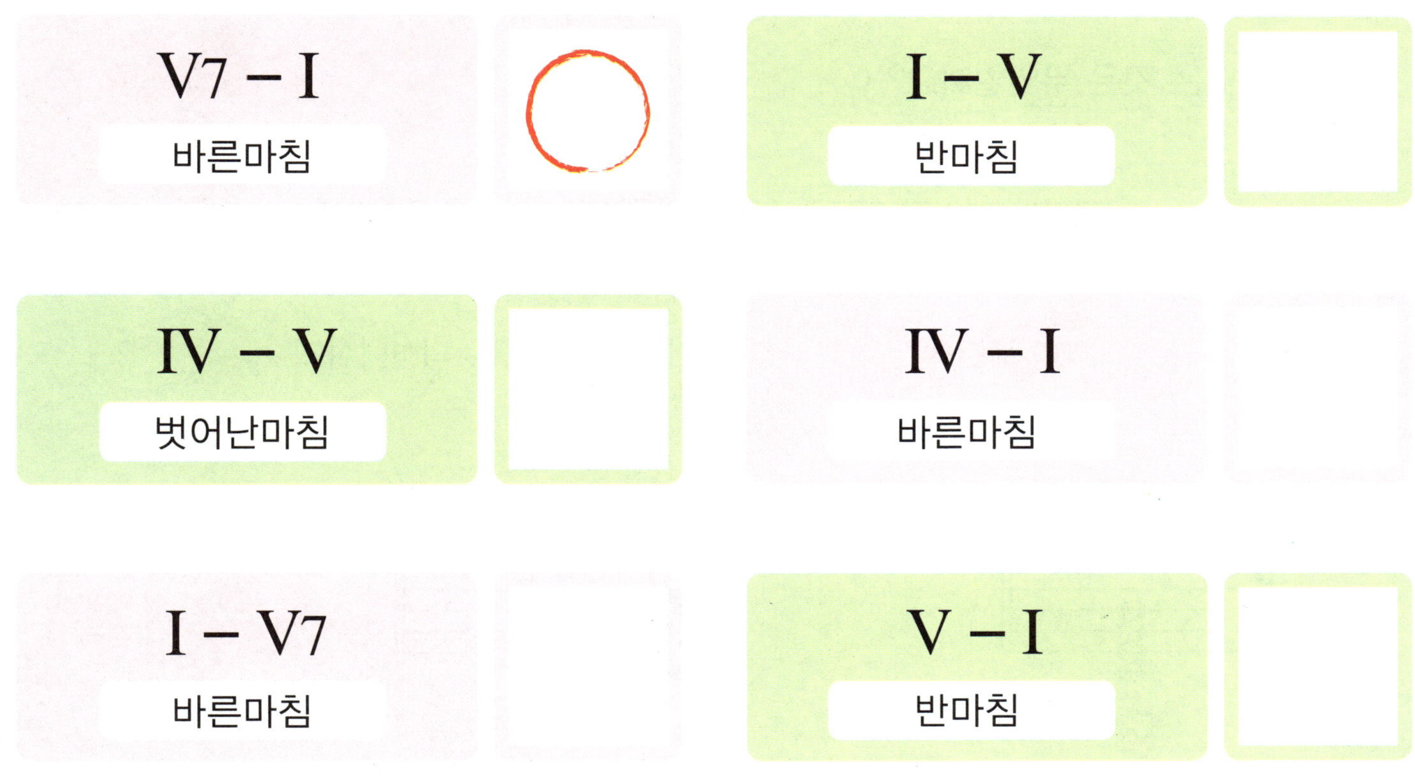

코드 네임을 보고, 코드를 **온음표**로 그려 보세요.

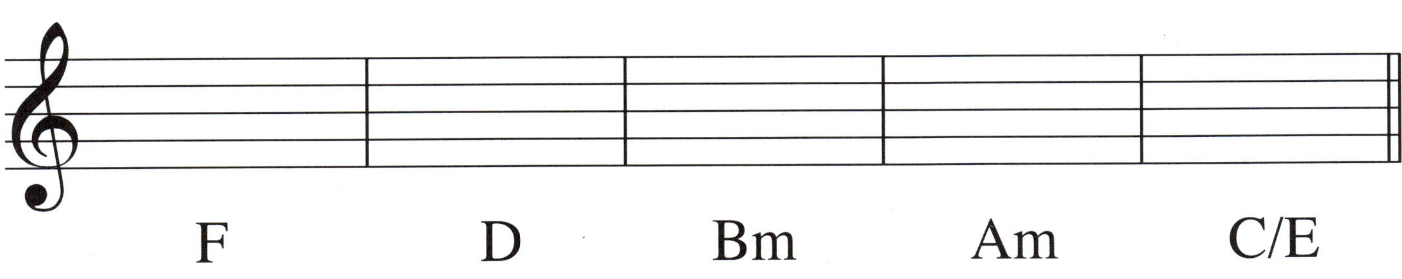

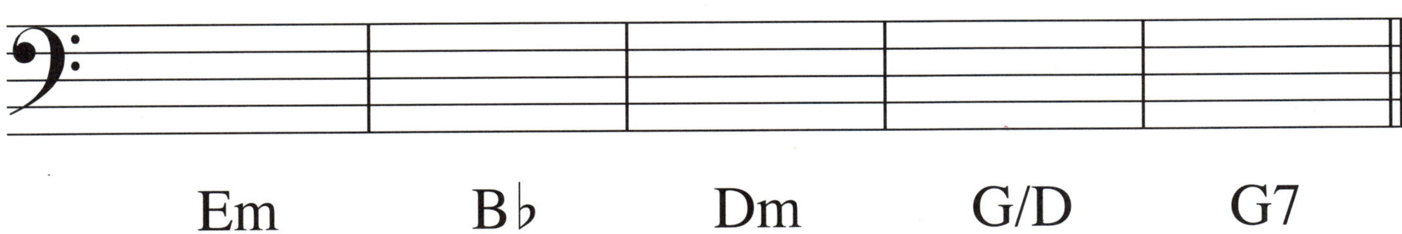

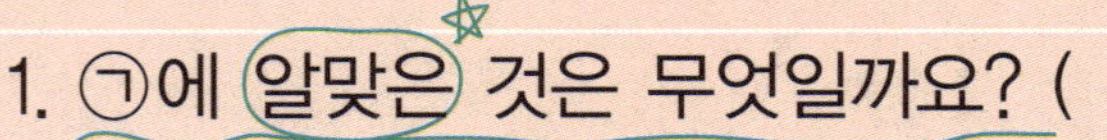

오늘의 날씨

1. ㉠에 알맞은 것은 무엇일까요? (   )

> ㉠   코드는 메이저 코드의 3음을 반음 내린 화음을 말합니다.

① 메이저   ② 세븐스   ③ 마이너   ④ 디미니쉬드

2. 코드 네임이 틀린 것은 무엇일까요? (   )

① 
C7

② 
G7

③ 
A7

④ 
E 7

3. 보기 의 코드 네임은 무엇일까요? (   )

보기

① E♭/G   ② F/A

③ D/F#   ④ B♭/D

4. 보기 설명으로 맞는 마침꼴은 무엇일까요? (   )

보기
· I - V 의 화음 진행
· IV - V의 화음 진행
· 반종지

① 벗어난마침   ② 반마침

③ 거짓마침   ④ 바른마침

※ 악보를 보고, 문제를 풀어 보세요. (6~8)

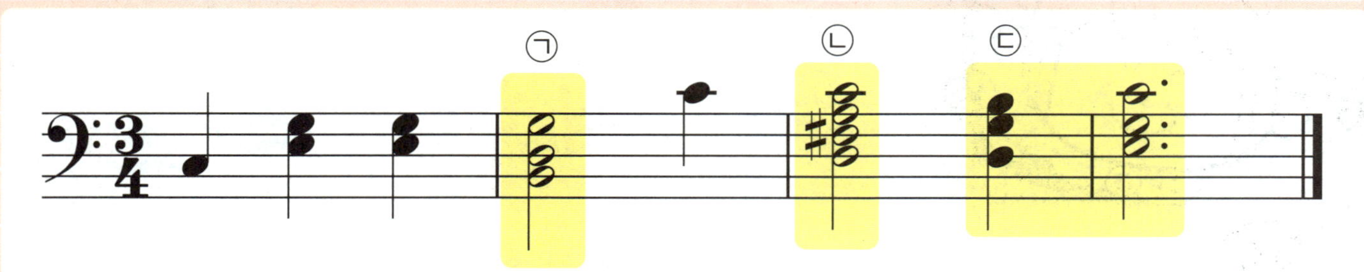

6. ㉠의 코드 네임은 무엇일까요? (   )

① C/G   ② E/B   ③ G/B   ④ G/D

7. ㉡에 대한 설명으로 맞는 것은 무엇일까요? (   )

① D7의 기본자리   ② B7의 기본자리

③ D7의 첫째 자리바꿈   ④ B7의 둘째 자리바꿈

8. ㉢화음 진행의 마침꼴 이름은 무엇일까요? (   )

① 벗어난마침   ② 반마침   ③ 바른마침   ④ 거짓마침

9. '벗어난마침(아멘 종지)' 으로 알맞은 화음 진행은 무엇일까요? (   )

① 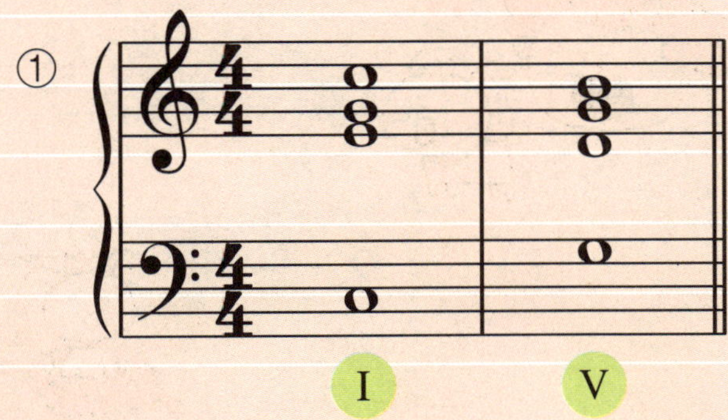

② 

③ 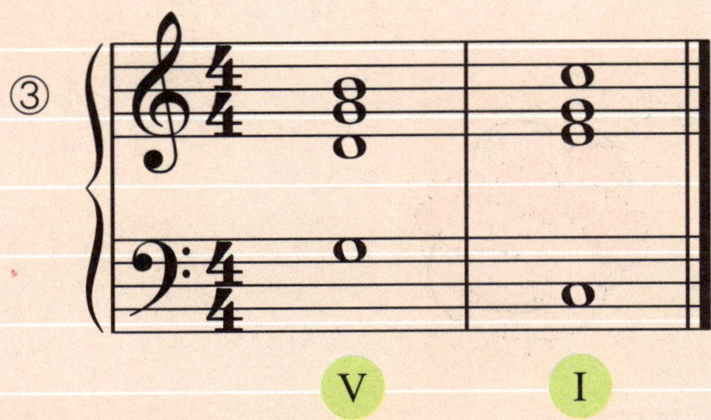

④ 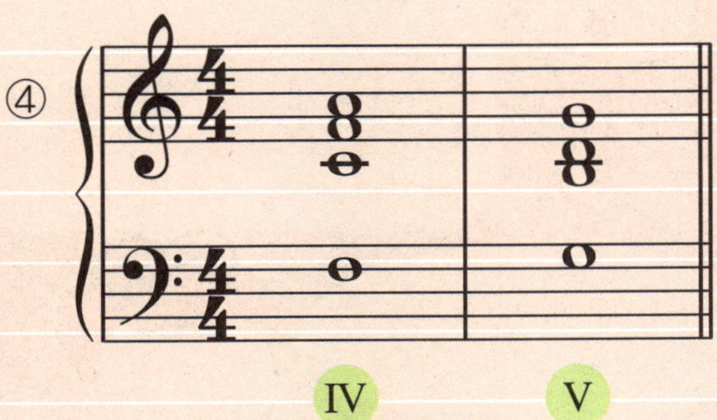

영국 여행 퀴즈! 퀴즈!

1

2

3

4

5

6

영국 여행 추억하기

그동안 우리 여행에 함께 해주서 고마워요~!

*'굿바이'는 헤어질 때 하는
영국 인사말입니다.

하늘 자전거 ⑩ 세광교육연구회 편

발행인 박현수
발행처 세광음악출판사 | 서울특별시 용산구 만리재로 178
　　　　Tel. 02)714-0048(내용 문의)　　Fax. 02)719-2656
　　　　http://www.sekwangmall.co.kr

공급처 (주)세광아트 Tel. 02)719-2651　　Fax. 02)719-2191

등록번호 제 3-108호(1953. 2. 12)　　　**인쇄일** 2024. 1
ISBN　978-89-03-12440-5　93670

© 2010　세광음악출판사　　일러스트 - BananaBee